療癒陷阱

被世界遺棄時，
你想如何被接住？

吳洛纓
鄧惠文
——著

推薦文

那些狂熱的背後

李明璁／社會學家、作家

為什麼持續有人狂熱投入所謂的「新興宗教」或「心靈成長」組織？這可不是簡單一句「他們很傻」就能標籤解釋的事。

那麼，又該如何更具同理心且系統化地理解——其實每個人都有自己過不去的難關，也或多或少渴望有個「庇護團體」能寄託和療癒，只是有人因此走入非日常化的另一集體世界罷了？

本書深入描繪《我願意》這部熱門電視影集裡的人物群像，由精神科醫師和劇作家聯手剖析這些現代人的多重困境與扭曲選擇。只有真誠直面這一切，我們或許才能找到根本問題的解方，以及幸福的出路。

推薦文

在故事中看見自己

那些電影教我的事／作家

如果有個人告訴你，世上每個人都有個檔案，載明了生命的意義與使命，但只有「幸福慈光動力會」可以帶你一窺玄祕，而代價是所費不貲的課程費用、被嚴格審視的隱私祕密，甚至可能危及自身和所愛之人的生命……

你，願意嗎？

我們在看了以心靈宗教為題的犯罪台劇《我願意》之後，覺得它的節奏俐落、角色立體、調性神祕、情節辛辣。如果你喜歡看真實犯罪紀錄片，或探討社會議題、家庭倫理類型的相關作品，就一定會喜歡！

這部劇透過調查一名經紀人之死，逐步揭露系統性的邪教手法，描繪可憐可恨的一眾信徒，更直指「我願意」之後的代價。不僅讓我們深受感動和啟發，也聯想到存在主義中「存在先於本質」、「自由的詛咒」和「他人即地獄」等等哲學思辨。如果你只用獵奇的視角來追劇，那就很可惜了。

而當我們發現這部劇正在籌劃本書時，使覺得一定要大力推薦！有別於以往台劇會做的影視出版品，《療癒陷阱》透過編劇吳洛纓和精神科醫師作家鄧惠文的對談，讓我們更能領略故事的精巧，也能洞悉人性的複雜，實在是含金量十足。

這本書以議題探討為主，劇情角色解析為輔，透過故事發想者和精神科醫師分享各自的觀點，也以互相提問的方式，讓讀者同理角色，進而投射至自身，或有著類似處境的親友們。

如果有時間，我們建議可以先追劇享受故事，再來閱讀本書，相信就能獲得最完整的體驗。

推薦文

當生活的不如意，讓你說出「我願意」

周慕姿／諮商心理師

先講結論——《療癒陷阱》非常好看，任何對於洗腦、宗教，甚至是對人生有所疑惑、有所好奇的人，都該來讀讀這本書。

這本書是由我很敬佩的兩個人，吳洛纓編劇與鄧惠文醫師對談集結而成。講到對談，或許會以為內容架構較為鬆散，但本書內容極有深度，一層一層地帶領我們進入關於社會、自我的深層心理，企圖去回答這個問題——為什麼人會願意放棄自己的判斷，說出「我願意」，將自己的一切通通「交出去」？

這本書的對談，是從影集《我願意》的文本開始延伸。影集的大綱介紹，讓我想到很多宗教洗腦的案例，這也是我很關心的主題：在什麼情況下，人會願意放棄自我的決定權，把自己交給另外一個力量、團體或人，讓自己服膺在他們的規則與思考之下？

本書的對談，精確地回答了這些問題。

當對自我的期待、需求沒有被滿足，例如遭受社會的壓力、霸凌，經歷失敗的關係、人生的挫折、掉到谷底時，我們發現，原來再怎麼努力，都沒有辦法得到理想的幸福、愛與歸屬感，甚至覺得寂寞、空虛、自己沒有用。而今天有一個地方，可以感受到自己是被肯定的，可以獲得愛與歸屬，可以擁有那些我窮其一生努力而不可得的東西，好疲累的我，終於可以什麼都不用想、不用判斷地把自己交出去，讓別人照顧。這是多麼幸福的事。

這就像是回到未出生的幼兒在子宮的狀態，是被完全保護、被餵養，不需要害怕傷害，也不用擔心寂寞。因為我就生長在一個人的體內，永遠不用擔心被拋下、丟棄，這個人與我永遠連結。

類似這樣的心靈成長團體，就提供了這樣的功能——不用思考、沉溺式的心靈餵養與規則，以及強烈的連結性。但這些看似連結強烈的歸屬感與規則，換個方式，就變成了控制與傷害——你不按照我的方式去做，我就會傷害你，而且還會收回給你的資源與愛。

這樣的互動，又是許多人習以為常、也是權威最常展現的傷害性互動。因為已經把自己交給了權威，失去了自我定義與獨立的生存能力，因此，即使受傷、覺得不對勁，仍然因為罪惡感、失能感與害怕被拋棄感等複雜的情緒走不了，只好留在原地，繼續承受這些苦痛。

而且，說出「我願意」，是買一個「希望」；如果我撐不下去，這個「希望」似乎也沒了。我要怎麼願意承認，原來我花如此多力氣投注的，是一場騙局？做出這個選擇的我，自我的價值與意義又是什麼？

這種為了「擁有希望」的「絕望感」，是我在讀這本書、看這部影集時很深的感受。當然，鄧醫師與吳洛纓編劇談了許多關於親子關係、青少年與成人的自我認同、女性所背負的社會期待等等，非常全而且豐富。礙於篇幅無法一一細數，翻開這本書，或許，你我都會從中找到一部分的自己。

推薦文

脆弱的時候，要小心照下來的那道光

海苔熊／心理學作家

生命總有幽暗。當你愛的人不愛你、你想珍惜的人離你而去、你曾經當作生命中心的人去找了別人，或者是你依靠的人摧毀了你的信任，那些藏匿在你靈魂深處的黑暗就會湧現，並且抓住你，讓那些你原本不想面對的醜陋和脆弱，占據你人生的主控台。

影集《我願意》所描述的，其實就是一個又一個歷經幽微的生命，在他們日子過得最辛苦的時候，不約而同遇見了一位「導師」，並且澈底「改變」他們人生的故事。

看完之後，你會為這些主角感到惋惜、憤怒，甚至不勝唏噓，這一切是那麼虛幻，又是那麼真實。為什麼「邪教」的教主可以如此洗腦、操控人心？為什麼許多信徒願意為這些教主們奉獻自己畢生的財富，甚至其中還不乏一些高知識分子？又為什麼有些女性信徒願意和教主「雙修」，追求靈魂的更高層次？

這本《療癒陷阱》採用對話錄的方式，記錄洛纓和惠文的對話，不但為劇中的每個人物和故事做出更豐厚的詮釋，也為那一個又一個令人匪夷所思的問題，找到可能的答案。

綜觀這本書中所有的信徒，你會發現他們心中都有一個柔軟的縫隙，邪教教主從這縫隙悄悄地擁抱、籠罩、最後用盡全力「捏爆」，甚至榨乾他們僅剩的一點遺產。他們原先希冀的是救贖，最後等待他們的卻是一條末路。

有趣的是，每一個走上末路的人，都曾經以為自己走的是坦途。《療癒陷阱》讓我覺得最精闢的分析，就在於把「以為」當成寄託。這些信徒當中，有些人也許突然醒悟，有些人即使到了最後一刻，還是活在自己的謊言裡，因為對他們來說，清醒比睡著更痛苦。

脆弱的心靈，往往禁不起惡意的光明。願我們在生命的低谷裡，都能夠保有智慧，信靠那些真正愛我們的人，而不是為了執著，出賣自己的靈魂。

推薦文

人到底是怎麼一步一步加入邪教的？

張國洋／大人學共同創辦人

我自己過去一直有段時間很好奇，人到底是怎麼一步一步加入邪教的？大家一起大聲吶喊、做誇張的動作膜拜教主、進行虔誠的儀式，甚至拿出很多錢供養，為何信徒都這麼確信不疑？為何都能這麼熱切投入呢？就算是透過紀錄片的鏡頭，都會覺得這類緊密感很不可思議。

尤其，教主一開始多半只是一個不知道從哪裡來的人，突然宣稱自己可以看透靈魂、解讀前世今生，帶著教眾修仙、修法、長生不老，這到底都怎麼取信於大家？很多邪教的紀錄片或是書籍，其中有些文獻、法器或是教主的神蹟照片，你事後去看，根本就假的，而且教主的末世救贖的說法也常頭尾兜不攏，為何他們還能騙到人呢？難道加入者就只是笨蛋？顯然又不是如此，因為很多邪教浮現於檯面時，你會發現成員不乏高知識分子。難道這些人真的只會讀書，但沒有任何生活常識？人們怎麼一步一步被吸引的？這真是我過去很長一段時間的疑惑。

後來我自己做了些研究，才發現邪教並不是教主多神通廣大，甚至也與教義或論述毫無關係，真正的關鍵是邪教帶來的「情感支援體系」。

這也是為何我拿到《療癒陷阱》翻看時，覺得這麼有趣。許多人以為加入邪教的人是笨蛋，其實他們未必笨，但他們肯定帶著創傷與寂寞。他們期待的不是教主法力，而是想在此取得重生。

編劇吳洛纓小姐與鄧惠文醫師在這本書的觀劇對談中，深入這些人的內心，探討了《我願意》這齣劇裡每個角色走入邪教的心路歷程。我得說，這部分採取對談形式，讓這本書變得非常有意思。因為從戲劇角色的切入，加上作者與專家的對話，讓我們可以深入理解每個人到底匱乏什麼，理解他們的焦慮與孤寂感，又分別在人生中尋求什麼東西。

這些人其實也沒在找什麼很不尋常的東西——婚姻失落、子女反叛、財務困境、自我懷疑、自信不足、找不到生存價值、霸凌與敵對等等，真的不外乎是你我都會碰到的事情。或許我們運氣好，但並不表示哪一天遭遇到某種深刻的生存打擊時，我們不會想逃入、依賴一個類似的「情感支援體系」。

大部分的人都花太多時間去理解外在，舉凡天文地理、數學英文、經濟大勢，還有工作的專業知識，卻對於自己內心的渴望與需求接近無知。

正因為不懂自己，碰到創傷、焦慮與孤獨時，就會嘗試各種情感上的替代方案來自我療癒。對很多人而言，處理問題本身太艱鉅，逃避又不可能，只好把希望往外寄託。前面提到，邪教其實與其說是一個宗教，不如說是一個讓失去希望的人感覺被承接住的支持團體。在那組織中，透過大家互相取暖、互相揭露脆弱來獲取認同，也取得在原本生活中得不到的關心與照料。

這時候，教主搞不好根本是附加的好處？因為加入邪教的人，真正的目的說不定也非真心相信，而是「就算是假的，那又有什麼關係」，既然這裡的大家這麼照顧我，我可以獲得外面沒有的肯定與包容，教主「似乎」還懂些神祕力量，或許真的可以給我一些額外的救贖。

他們也許是這麼想的：「反正我也已經這樣了，就算被騙一下又如何呢？還能更差嗎？而且，搞不好教主真的有點什麼，那我不把握這人生最後的機會嗎？我若轉頭走，就算沒被騙，但回去也沒有比較好啊……」

就如同鄧醫師在書中說到：「奔向什麼不重要，只要是往離開現在的方向跑，都值得嘗試。這是絕望之人的最後希望。」

所以，我邊看邊覺得這本書的各場對談真是太棒了，因為透過別人的故事，你會更了解自己、身邊的人，以及那些加入邪教的人到底在想什麼。沒有人天生想受騙，多半是真的跨不過，自己騙了自己。且世界上想騙我們的又何止邪教？也可能是糟糕的戀人、糟糕的關懷團體和政治團體，或是其他想利用我們的組織。

人生在世，我們總需要有方法療癒自己，而療癒的過程，多是嘗試從劇中人的傷，看出自己的需要。畢竟人人都有脆弱、過不去的時候，但你若更明白人的心理機制，或許能避免自己陷入類似的狀況，也能以此同理，幫助身邊有類似困擾的人。

這本書，我覺得很受用，推薦給大家。

推薦文

是療癒救贖？還是以愛為名的止痛劑？

蔡宇哲／哇賽心理學創辦人兼總編輯

每當社會上報導迷信或是詐騙相關案件時，很多人會以「這些人就是笨」來簡單結論，但真的是這樣嗎？這些受害者無論性別、富有或貧窮、博士或不識字、年幼到年長，可說是遍布所有社會階層。追溯其心理，「匱乏」是其中一個主要原因，對於愛、人際、家庭、成就等的匱乏，然而匱乏並不見得一定會迷信或被詐騙，還需要考量因成長經驗、個體差異、人際支持等脈絡。

《我願意》一劇就把許多人陷入迷信的生命經驗都演出來了，透過劇情的起承轉合，會發現原本以為的「笨」，其實是一連串傷痛的連鎖。《療癒陷阱》則是透過編劇吳洛纓與鄧惠文醫師的對談，將當中那些連鎖加以解析，看清楚這些悲劇的齒輪是如何咬合轉動。

劇中有一段令我印象深刻，飽受霸凌的學生尋求輔導老師協助，老師無條件地包容關愛，並引導學生到其所屬的成長團體，認為這樣可以獲得更多的愛與包容，結果是下一個悲劇。身為心理人的我心想：「這樣是對的嗎？有什麼更好的方式嗎？以愛為名的行為，該怎麼界定那條線是合適的？」

我很認同鄧醫師在書中談的概念，心理諮商的目標並不是無條件地給予止痛劑，甚至強到使人愉悅，而是正視疼痛的原因，並能選擇自我調節的方法。

閱讀兩人的對談，直面內心的脆弱，也跟著劇中人物從錯誤與挫折中，獲得了一些成長。

療癒陷阱

寧可繼續忍受已知的痛，也不敢迎向未知的幸福？

黃鵬仁／資深媒體人

一連串的機緣巧合，我認識了兩位猶如本生燈般的專業者——鄧醫師與吳導演。與兩位往來談及的言語思想，一直迴盪在我生活中，雖不頻繁，但總像鋼琴節拍器、空谷跫音般，與我自己的生命歷程來回激盪，姑且稱之為漱石——我有顆頑石般的心。

這些對話約莫是人我距離、等價交易，以及於我自已的掙脫沉溺等老生常談。也因為是老生常談，兩位常常顧全我的面子，多半是點到為止。

《我願意》這部戲給了我一個充分且必要的理由，促成兩位回答我一連串的問題——人們為何總是「寧可繼續忍受已知的痛，也不敢迎向未知的幸福」致不可自拔？可能於此同時，像明燈般的人出現，同情於你，甚至聲稱「同理於你」，你信靠他，就此成了被操弄的對象。

尤其在這個時代，我更想了解集體行為中的法西斯傾向從何而來？在兩位的對話中，旁觀地置入了我自己的叩問，試圖拆解我們內心複雜的零件。「陷溺」、「不想脫離」、「決心說出我願意或我不願意」到底為何？「陪伴者」、「老師」的合理角色是什麼？擁抱「人我距離」而不產生依附的關係可能存在嗎？當然，這裡有太多關於名位、權勢與利益交易等等變項。

我不會保證讀者看完後，可以「一夕開悟，清涼解脫」。這書冊和《我願意》的戲劇一樣，都不是心靈雞湯，更不是處方箋，毋寧是一個提供你傾聽與訴說的樹洞。

最後，衷心感謝鄧醫師及吳導演在百忙之中認真嚴肅地參與對話，更不厭其煩地將這般對話寫下。

我會一直在

吳洛纓

從做劇場的時代起，我就是個不做Q&A的導演，戲在那裡，看到什麼是什麼。假如希望傳達的感覺不被觀眾感受到，那就是導演的問題。更何況人的感覺極為複雜，一落入言詮，反而把觀點窄化了。但這次有些不同，和鄧醫師一起談《我願意》裡的人物和關係，像是深度聊天，夜很長，但柴火足夠。

在跨越五十歲的門檻前，我決定要寫這樣一齣戲，要自己拍攝。想透過這個媒介對世界說點什麼，傳達清晰，態度堅定。但，這也是第一次讓我對眼前寫作中的劇本感到恐懼。

不再能義無反顧地跳下去，我猶豫了，並引以為恥。我以為已經深挖過自己，應該知道怎麼下去怎麼上來，不過這次面對的是深淵，多深倒無所謂，而是它會通往哪裡？

我將要面對的，是什麼樣的世界呢？會不會我從原來的出口出來，且發現這就是一個不斷轉動的圓？我以為的出發，其實就是終點嗎？我不想站在高處俯視眾生，我就在這些人物之間，我們比肩而立，更了解他們的脆弱和不堪。即便都用大半生受苦，剩下的時間療傷，這就是我以為的人生，我們都是神農氏。

在我過去的劇本《給愛麗絲的奇蹟》中有個角色叫「金麗莎」。她在西門町唱紅包場，後來自己開咖啡店，她會把剛離家出走、在西門町閒晃的青少年帶到她店裡，給他們食物和住處，陪他們聊聊。

金麗莎不是宗教團體，也不是社福志工，但她知道「第一夜」的重要，也許這樣輕輕接了一下，第二天孩子可能就會想回家，有時她還幫忙打電話給父母「喬事」。

這可能是我的願望投射，寫的時候沒怎麼想人物的功能意義，金麗莎卻成為大家看過劇本後最喜歡的角色。試想，如果她不只是個人，還是某種組織、某個非典型宗教，那我用戲許下的願望，可能會變成一場惡夢。

和鄧醫師對談的過程裡，必須重新梳理每個角色、他們之間的關係和劇情安排，會發現——就算做過再嚴實的角色設定，都不免在其中投射些自我，過去、現在，有時還有未來。即便只是破片殘瓦，即便只是剎那星辰，角色與劇情中再無意識的安排，都禁不起這樣的巡禮。有些我承認是我無誤，其他都是謎。

直面自己需要多大的勇氣？承認自己這一生曾經犯過的錯、欠過的情，或無可挽回的蹉跎，因為來不及，而毋需悔恨，只能對往昔的自己說：「我知道了。沒關係，我會一直在。」

你還和自己在一起嗎？「在一起，到底是什麼意思？」戲裡的檢察官詹又雲說。

多半回答前，我們要喝一口水，想想。在這趟對談的旅程裡，雖有目標，但不急促，我們見過鳥語花香，如蜿蜒的山徑，終究不是為了登頂，但我知道這不是陷阱，鄧醫師輕輕接了我一下，謝謝。

謝謝你願意了解

鄧惠文

有一天，舊識鵬仁製作人傳來訊息，問我要不要談一部戲。

當然好！我喜歡戲劇，更何況是吳導演的作品。

不過，根據以前的經驗，我小心翼翼地確認：不要叫我做標籤作業喔！不要叫我說戲裡的誰誰誰是什麼聽起來很厲害的理論名詞。

名詞需要故事，故事不需要名詞。

和洛纓對話一分鐘後，以上顧慮就消解了。她的眼看見人性最細緻的層次與紋理，她的筆和她的鏡頭，將人情轉譯得那麼溫柔、那麼顯微，又那麼全貌。

在困苦中失去自我的人，是被魔鬼誘走了靈魂。若我從旁走過，是否能傳遞比魔鬼更有力的信念?當我自己深陷其中時，想依靠的又是什麼呢?

我相信的心理學不是用來遠遠地指點人，而是讓人與人之間，因為同理共情，能對彼此伸出溫暖的手，說聲「我了解」。

不知如何是好，感覺無法再等待而寄望奇蹟的時候，只有了解的溫暖，能讓我們願意面對真實，在命運的戲弄下，不退縮，不妄想，不拿自己去交換樂園的門票。

目錄

第1部 人生本來就很難，要「我願意」為哪般？

第2部　當失意人遇見那句「我懂你」

第3部　是成長獨立？還是永遠依賴？

第4部　尊重他人的掙扎，不輕易說「我願意」

《我願意》的故事

所有隱藏的祕密，從一樁墜樓案就此揭開。

大明星費慕淇面對經紀人無預警墜樓，頓失所依，又遭遇網路霸凌，在人生最低谷時，遇見了幸福慈光動力會的本生老師。

每個人的弱點和渴望都逃不過本生老師的掌控，慕淇既恐懼又好奇，終也走入動力會，想要尋找他內在真實自我。

在這個充滿愛的團體中，他看見每個「學員」各有各的人生難題，無論是在婚姻關係中挫敗的學校輔導老師凱莉、物質和情感上不滿足的年輕太太嘉美、因臉上胎記而被排擠霸凌的高中女生蓮心……這些人與他一樣，困頓到無路可退，因此「老師」就成為他們最大的寄託和慰藉，他們甚至渴望老師閱讀自己的「檔案」，好探勘未來的種種可能，然而這一切是就此擺脫人生困境？還是走入新的控制關係？

《我願意》這部劇取材自國內外真實宗教詐欺案例，探討在集體失落下，心靈成長團體如何混雜新興宗教，利用人心脆弱獲取滿足欲望，揭開操弄與被操弄者的心理狀態。

在外人看似無稽的奉獻與信仰的基石背後，究竟是教主的神通慧眼？還是失意人自我投射的奇蹟幻影？當故事搬作影像，角色原型還在腦中，篝火餘燼一旁，心的對話才正要展開。

《我願意》主要角色介紹

本生

以「幸福慈光動力會」和「希格瑪教」為名，販賣成長課程與周邊商品。自詡為傳道者，眾人稱他「老師」，能夠一眼看穿人的弱點和渴望。他看費慕淇像照鏡子，把秦凱莉馴服成模範信徒，蔡師兄是他的白手套，對嘉美偶爾發作同情心，蓮心則是他遊戲的對象。每個人對他總是崇拜又信任，這讓他覺得操弄人心是件有趣的事情。

費慕淇

三十三歲的知名歌手，看似飛揚跋扈，其實都是偽裝。很想演出自己製作的電影，但在經紀人三島長月墜樓後，一切都不可能了。處在人生最低谷時，遇見本生老師和一個溫暖的大家庭——幸福慈光動力會。本生老師積極正面的想法，明確地給予他能量。只有本生會告訴他，他究竟是個怎麼樣的人。

秦凱莉

剛滿四十歲，長相端正，聲音甜美，眼神裡透露著單純。在致群中學擔任輔導主任，活在有愛走遍天下的幻覺裡，孩子與前夫都受不了她。本生老師鼓勵她要積極修行，她便把兒子帶到希格瑪教的莊園「接受挑戰」。除了一直自己騙自己，她找不到第二條路了。

蔡師兄

三十六歲，長期在外經商，一心只有賺錢。妻子執意離婚，鬧到跳樓自殺。經營的工廠也出事，他被地下錢莊逮住，打斷一條腿，幸好本生出面協調償還債務。這使他對本生心懷感恩，甚至幫著本生將「動力會」搞成一樁大事業……

詹又雲

四十歲的檢察官，總是一身套裝加高跟鞋。丈夫意外殉職，從此單親扶養兒子。調查局專員羅權志是她紓壓的對象，兩人的約會總在汽車旅館。她總覺得三島長月的墜樓案哪裡怪怪的，但找不到犯罪事實，而面對接二連三的失蹤案、傷害案件，她必須想辦法把近似陷阱的坑洞補起來。

譚嘉美

三十五歲，本來在家照顧三個小孩，丈夫維成發生車禍，生活翻天覆地，迫使她開始做鐘點清潔，包含費慕淇的家。她去動力會，在那裡與大明星平起平坐，聆聽本生的開示，還有個關愛她的蔡師兄……直到目睹「那件事」。她畏懼，她噤聲，終將承受不住，只求一個解脫。

趙維成

三十六歲，致群中學校車司機。一場車禍事故使他無法說話，溝通得靠紙筆，還要按月支付受害家屬賠償金。妻子嘉美日漸投入動力會與希格瑪教，把家用拿去買課程，甚至帶孩子去閉關靜修。他費盡力氣，才從回家的妻子口中得知一樁樁惡事，直闖莊園想找本生理論，沒想到更崩潰的事情還在後面……

李蓮心

家境富裕的十六歲高中生，臉上有胎記，使她從小就被同學嘲笑、霸凌。加入熱音社，暗戀著品學兼優的社長詹明曜，送禮卻被婉拒，甚至成為同學的笑柄。透過秦老師加入動力會，在那裡得到從沒感受過的愛與溫暖，本生還說她是個天使。她戀愛了，這是真正的幸福嗎？

詹明曜

十六歲的高中生，詹又雲的獨子，熱音社社長，獨立早熟，是個溫柔的大男孩。對母親的戀情了然於心，卻不願明說。知道蓮心喜歡他，但還不明白怎麼回應。當蓮心和紀新都在動力會出事時，他勇敢地找上本生，遇到那樣的惡魔，他也無所畏懼，就像是在人間的天使。

紀新

十六歲的高中生，秦凱莉的兒子，紀美的雙胞胎哥哥，最想和好朋友明曜唱自己寫的歌。父母離婚後，他開始叛逆，不想讓母親掌控他的生命，也覺得母親自從去動力會後就很不對勁。他想讓母親看清楚本生的真面目，遂答應一起去動力會看看，沒想到卻被眾人以戒毒之名管教，賠上了性命。

紀美

十六歲的高中生，秦凱莉的女兒，雙胞胎中的妹妹，也是蓮心的好朋友。在家裡的她像個旁觀者，無力調解母親與哥哥的爭執。知道蓮心與年長男子交往，曾經提醒蓮心，但蓮心什麼都聽不進去。直到哥哥死了，母親被收押，她才像清醒過來。

三島長川

三十六歲，費慕淇的經紀人。兩人合作多年，有著密不可分的共生關係。她突然墜樓的事件疑點重重，使檢察官又雲開始調查，才發現她是動力會成員，甚至用不當手法積攢電影資金。但為什麼做這些事？背後是否有什麼隱情？再也沒人知道答案。

許書晴

從財經組轉來影劇版的記者，對賺錢的事很熱衷，除了緋聞也寫業配報導，物欲強烈，喜歡蒐集名牌包。原本只是想追費慕淇的內幕，跟著進入動力會後，居然也拜服在本生腳下，開始相信希格瑪教的精神，還把名牌包都變現，捐給了動力會。

安怡

三十歲的年輕刑警，因仰慕檢察官又雲，自願與她同組，一起偵辦「三島長月墜樓案」。看起來木訥，卻細心縝密，不像個菜鳥。在查案現場，總是可以看到又雲將脫下的高跟鞋放心地交到他手上。

羅權志

三十多歲，是調查局金融犯罪小組的資深專員。雖然面臨婚姻問題，但知道自己想要的是什麼。比起其他走進動力會的人，他與又雲的祕密情人關係，正好對照出入教者的瘋狂與不知如何是好。

第 1 部

人生本來就很難，要「我願意」為哪般？

《我願意》一開始寫的是一對貧窮夫妻的悲慘故事。生活已經很艱難了，又參加了類似新興宗教的團體，想尋找出路，最後被利用、榨乾，直到賠上全家人……

近年來。不管是打著「心靈成長團體」的名號，或者傳統宗教更入世而積極宣教的手段，訴求的對象大都是正處於低谷、心靈脆弱、需要依靠的人們。人在飛黃騰達時，對靈性和自我探索興趣缺缺；而當困境來臨，如同腳骨折需要拐杖、上樓梯需要扶手，能有某個外力支援，的確好過些。

每個人的困境不同，在《我願意》劇中，有些人對自己身處的困境感到無能為力，有些人在困境中好孤單，有些人把困境當成勳章，以痛苦帶來的磨難感受存在。因此，他們紛紛加入「幸福慈光動力會」，希望能從中得到陪伴和溫暖。

但他們究竟得到什麼？這些承諾，往往都要付出相當的代價。

——洛纓

我相信人生多有難處，基本上，有期望就會有失望，有目標就會有挫折。別人能夠輕易跨越的問題，卻可能卡住我們一輩子。劇中有好幾位失意的人物，從小小卡住的難、顯而易見的難，到巨大綑綁的難，這些困境讓主角「願意」投身一個組織，無條件地奉獻，甚至被控制。

我覺得，這部《我願意》，想刨根挖起，讓我們檢視自己，也正視每個人的困難。不管是還沒看劇的讀者，或已看劇的觀眾，我們一起問：被忽略的是誰？迷失的是誰？受害者到底是誰？劇中人各自失落的是什麼？渴求的又是什麼？

這些層層疊疊、不容易看清的，正是人生無法逃脫的困境。而唯有看懂困境，才可能找到真正的出路。

——惠文

01

婚姻裡的「我願意」，是歸屬感還是控制欲？

要在人生中建立起一座婚姻的堡壘，能守能攻又無堅不摧，是不是讓本來就不容易的人生變得更困難？

洛纓：

劇中最引人注目的女性，應該是凱莉老師。她在高中任教，單親五年，有一兒一女，在學校風評很好。她有兩個馬克杯，在家裡的那一個，上面寫的是「一百分的媽媽」；辦公室的那個，寫的是「一百分的老師」。看起來像是自我期許，但更像是她期待別人對她的評價。

這個角色比較接近我母親那一代傳統女性對自我價值的認定，雖然故事中沒有交代她的父親和原生家庭，但可想像在她成長的過程中，她必須依附著父親的價值。她會去當老師，可能是爸媽希望她去當老師；她嫁的對象也很符合自己想像中的那種理想對象。然而，當發現丈夫有外遇、進而離婚後，她的自我價值就崩解了，下一個要依附的是她的兒子。

從性別的角度來說，她的旁邊必須有一個男性存在，她的自我才存在。一旦這樣的依存（男性）不見了，或不可捉摸，她會沒有安全感。當兒子紀新來到青春期，看起來也像要跑了。她的愛就像一條不斷拴緊的繩子，愈拉愈緊，對方因此跑得愈遠。

我想對凱莉而言，父親和丈夫，都不是她自己的分身，他們不是從她的身體分化出來的，但兒子是「她的」，理所當然變得更強烈，並且就會有「當我的這一部分被別人占據了，我當然要拿回來，因為那是我的延伸」的想法。

身為一個需要傾聽的輔導老師，凱莉與他人幾乎沒有「真正的溝通」，更可怕的是她不自覺。她總是在講她自己，沒有辦法接到對方的球，反覆陷入自我陳述，除非是她的女兒紀美。紀美在照顧媽媽，她們的對話經常是女兒不斷安撫她，好像母女的位置交換了。整個看起來，只有本生老師的話她聽得下去。

惠文：

對凱莉而言，任何一種「異己」的想法，她都沒有辦法接進來。她感覺好像有和女兒溝通，其實是因為女兒都說她想聽的話。只有她想聽的話，她才聽得到。我很同意洛纓說的，這可以從凱莉與男性的關係去理解。

對於凱莉作為一個輔導老師，卻「聽不到」被輔導者的話，我有些感觸。這麼說吧！世界上到底有沒有一種真正平等、沒有權威上下的溝通與傾聽呢？如果是一個專業者，她的語言應該有某種學理基礎，也就是科學性，不能只是個人意見。

科學性代表在某程度上、某時空裡，必須是經久耐用的。因此專業者的話語免不了附有權威。愈熱忱的專業助人者，愈容易期待對方因自己的建議而「好轉」，甚至不自覺地要人家聽話照做。需要經歷相當的訓練，並且時時反省覺察，才能千迴百折地體察對方的執著與需求。

助人克服困難，發展其自我，並不等於要別人活成輔導者理想中的樣子。如此理解的話，凱莉這個專業的輔導老師，是很寫實的。

在自身的生活中，當凱莉的兒子脫離她的預期，不按照她的安排發展時，她不僅聽不進兒子的想法，也見不得這個人的存在。她不喜歡的部分，都不能算是她兒子；這個有自己想法意志的男孩，再也不是她的一部分。她否認那是兒子，於是她迫切地想消除那「不是我兒子」的部分。

凱莉為了矯治兒子的驚人之舉，在心態上，她並不覺得是「對」兒子做的，而是「為」兒子做的，他們打的不是「我兒子」，是那個「假冒我兒子的壞東西」，只要驅逐這個壞東西，「我真正的兒子就會回來」。這種反應並不罕見，我想到古時的驅魔儀式，以及現代仍風行的，把行為失常（不符合期待）者解釋為被附身或失心的各種民俗信仰。

接著，我想談談那兩個一百分的馬克杯。老師和媽媽這兩個角色，如果要被他人認定為一百分，似乎是要無我無私、犧牲奉獻，而不是站在聚光燈和掌聲的中心？這裡藏著不易發現的自戀。

凱莉想要的獎盃，表面上看起來無我無私，事實上裡面出於「我」、「私」的欲求非常大。如果學生或子女沒有活成她理想中一百分的樣子，她就不是一百分的老師和媽媽？這個設定包含著可怕的邏輯謬誤，許多人卻和凱莉一樣深陷其中。一個為了自己要一百分，因此務必要孩子一百分的人，絕對不可能是一百分的親師，甚至是不及格，或有害的。我覺得那兩個具象的馬克杯，是很微妙的象徵。她要的究竟是「付出」，把杯子一次次地裝滿；還是「暢飲」，一杯杯地喝進「我很棒」的滿足感？

至於歸屬和控制欲的問題，除了母親個人之外，我們也不能忽略社會因素。例如這齣戲中的另一個母親又雲，比起凱莉，她就沒有依賴兒子明曜那麼多。又雲自己有男朋友，凱莉沒有。凱莉雖然有本生老師，但本生並不從屬於她。我想指出的是，母親如果把兒子當成「替代伴侶」，難免會導致她們對孩子控制、無法放手，甚至發生憎恨之類的情結。

我們的文化長久以來，不同於西方社會以夫妻軸、伴侶軸為生活的重心，而是父子軸。潛意識中仍然存在著「母親不可以有性欲」，或一個母親不能對父親以外的人有性欲的概念。

我們都聽過三從四德，「三從」是在家從父、出嫁從夫、夫死從子。這東西現在消失了嗎？想想有多少子女那麼生氣母親交男友，這其實是沿襲已久、與父子軸配套存在的。我在諮商中看過不少青少年兒子對媽媽交男朋友非常憤怒，甚至會說出在外面學到、羞辱母親的話，例如：「你去找你的男人啊！你就是這麼欠幹！」

所以，如果一個女人認為自己必須做一百分母親，照理來說，沒了丈夫，兒子就是她的世界，她就是屬於她兒子的。在這樣的預設之下，她不能再去找另一個男人，兒子不就是現在的老公嗎？既然如此，以凱莉和兒子紀新的例子來說，你（紀新）是我的從屬對象，怎麼可以搬去別的地方住？雖然是和你爸爸住，可是你爸爸和狐狸精住，你搬去，不就是去和狐狸精住？那我豈不是在被你爸爸拋棄之後，又被你拋棄嗎？

這件事情，我覺得它的悲哀是，歷代以來女性的無從選擇和必然的矛盾。這些母親之所以會如此控制孩子，變成沒有辦法給孩子空間的母親，也許是因為世界沒有給她們空間，這是一個因果。

再說到本生，我認為本生符合了凱莉對男性的需求，也就是她得待在一個男性身邊這件事。本生不僅是一個偉大有力的男性，他又有陰柔的特質，不同於一般典型的男性。似乎也只有像本生這樣的男性，才能和凱莉相處下去。因為凱莉的控制和權力欲很強，只有本生和她沒有現實中的利害糾葛，可以容許、也利用她在動力會擔當管家婆的角色。一般的男人可能沒有辦法忍受她的強勢控制，這雙邊角色設置，是很微妙的對應。

洛纓：

戲中又雲和凱莉都是單親，但她們呈現出完全不同的親子樣貌。而在蔡師兄的自述中，他的妻子因為發生外遇，蔡師兄不願離婚，竟憤而自殺。唯一仍有婚姻關係的嘉美與維成，又因為經濟問題，顯得搖搖欲墜。

婚姻看起來像一個大迷宮，沒進去的人躍躍欲試，出不來的人在裡面捶胸頓足。我真的無意創造出這麼多婚姻有問題的角色，現實生活中，似乎要在人生中建立起一座婚姻的堡壘，能守能攻又無堅不摧，是不是讓本來就不容易的人生變得更困難？每個人都要去參加「幸福慈光動力會」才會得到幸福嗎？

惠文：

我知道你是「無意的」（笑），每個人也都是無意中進入那樣的婚姻。是不是要參加「幸福慈光動力會」才能得到幸福？對某些人而言是吧！如果對於婚姻有一些期待，而那些期待根據人性是不容易在婚姻中滿足的，就會想要一個能提供這些滿足感的團體。

戲劇是個寓言故事，現實中不一定是「幸福慈光動力會」，每個人或多或少，心中都需要找一個歸屬，在那裡得到幸福，也就是如同「幸福慈光動力會」的地方，這些地方有什麼特質？如何滿足或暫時滿足人們的需求？我們在之後的章節會討論更多。

而我想先問，有辦法什麼都不依恃而感到幸福嗎？我大致歸納兩種模式，一種是幸福不假外求，對於幸福的標準和視野，不高不低，不深不淺，恰好自己一手搆得到，捧起來就走，不需要靠他人提供什麼。

另外一種是透過身邊的人，像蓋房子一樣，你有這個形狀的瓦，我有那個形狀的磚，我們一起找到梁柱撐起，我和你一起幸福，這是合作關係。

這兩種模式都需要能夠彈性調整。我認為幸福沒有一統的定義，也沒有「如何算是幸福」的真理，特別是婚姻。幸福是主觀，也是參與者之間的共識，極端的自恃者，不因他者調整的，很難感覺幸福。

如果沒有隨時調整幸福定義的相對空間，即使婚姻暫時符合期待，在人生各階段發生的動盪（如嘉美丈夫車禍的意外）也可能摧毀幸福的感覺，讓人陷入難以承受的空虛與焦慮。此時對於溫暖的渴求也會變得非常強烈，特別容易受吸引而投入營造理想的團體。

02

成長說來就來，從不需要你「願意」

年輕人有時候去做一些類似成年禮的事，會刻意瞞著父母去完成，因為這樣的事情多半帶有禁忌性，甚至有生命危險。

洛纓：

劇中有個高中社團熱音社，設定上都是十六、十七歲。不是十八歲，也不是十五歲。好像在成熟與不成熟之間，有自己的判斷能力，可又沒那麼有把握的年紀。他們努力寫歌練歌要去參加一場音樂大賽，裡面幾個人都和故事主軸有不同深淺的關係。

紀新和紀美都是凱莉老師的孩子，他們是一對雙胞胎，但個性截然不同。紀新就像個最普通的中二高中生，覺得自己很會唱歌，還會寫歌，他想像的未來是繽紛而混亂的。他也會為社團中常常受到嘲笑、霸凌的李蓮心打抱不平，他嘴上碎念蓮心，但實際上默默關注她。我不會把這種關注解釋成「喜歡」，對他來說，蓮心很脆弱，一直被欺負也不知道怎麼反抗，這是他的正義感所不能接受的。

紀新為什麼那麼氣他媽媽？從媽媽的角度，紀新是一個不符合她想像的孩子。但從紀新的角度來看，他從來沒有否認過他的母親，他的認同裡當然包含對於嘮叨的不耐煩，更大的問題，是他面對了一個沒有辦法解決的狀況，即「父母分離」這件事為他帶來的分裂感。是不是因為父母分手時，他們已經十二歲了，到了十二歲的年紀忽然得接受「我的父母原來不那樣和諧」的真相？他本來很討厭動力會，後來為什麼願意和媽媽一起去動力會？這算是一種妥協嗎？

惠文：

這齣戲，不僅「幸福慈光動力會」是個寓言，整個劇情的發展也充滿寓言。紀新，不接受父母親的不和諧，不接受蓮心被這樣對待，於是追索、發現、體驗了「原來每個人都有不和諧」，更幸運也不幸的，是「發現了自己的幸福動力是來自於不和諧，而這個不和諧是自己內在的矛盾」。

我的解讀，紀新做的不是妥協，是他年少的奧德賽之旅。如果這個動力會可以讓人發現慈光是什麼，不知道你有沒有用這兩個字隱喻「母愛」？他終究要進去看看才能確定，或否定。我覺得這是青少年對於「真相」的坦率，他們給機會，不預先關閉，這是美好的狀態，但也脆弱，有風險。

我私心覺得你比較喜歡寫男生！男生在你的本子裡，是情節的推動者。因此我們讀起來，一開始會以為「問題都是從他來的」，而我從你的女性人物身上看到很多埋藏的感情與期待。比如，紀美。

紀美對哥哥的意外有過一次大爆發，不能諒解媽媽「怎麼會做出這種行徑」；另一次則是帶著溫暖，讓媽媽對她繼續有所期待。這對兄妹的對比，很有深意。

不過，我突然想問，紀美是不是有你自己的影子？呵，你可以不回答……

洛纓：

嗯……先不回答，哈哈。

相對於暖呼呼的紀新，紀美活在自己的音樂裡，我們從來不知道她在聽什麼，但這不表示她對母親和哥哥的爭執沒有感覺。

紀美在劇中的篇幅不多，一開始將她呈現得比較置身事外，或者是媽媽的照顧者。我隱約想鋪陳紀美和媽媽的角色有點對調——她一直在照顧媽媽的情緒、媽媽的感受，幫媽媽講話。直到事情完全失控，當她發現哥哥再也回不來那刻，她終於對母親大爆發，覺得哥哥講的是對的，從小媽媽就幫他們安排很多事，直到他們已經長大，母親還是不能接受他們應該擁有安頓自己的自由。

她原本一直這麼信任的媽媽，卻因為母親的信仰而崩解，作為孩子是個極大的傷害，紀美為什麼後來會願意原諒媽媽？在紀美身上，當初想要表達的，不是一個煽情的女兒向媽媽說「我等你回來啊」那種苦情狀態。

我們對父母在還無法抗拒的時候就接受了許多，最後好像會因為這些並無意識的接受，被迫要付出一些代價。紀美好像找不到不原諒媽媽的理由，紀美給予媽媽的支持，我覺得並不是心甘情願、發自內心覺得「我要給你」

這樣的支持，而是因為身分，因為「我們之間有血緣關係」、「我已經承受你那麼多」、「我是你的女兒」、「我當了你的女兒十幾年」。即便媽媽此刻再怎麼罪大惡極，這個女兒都沒有辦法完整切斷和她的關係。我必須要讓你知道，你還是可以活下去，因為我還在。

因此，紀美必須要讓媽媽知道「我在家裡等你」。對凱莉而言，紀美的話是最後能抓住的浮草，她的人生只剩下這句話，如果紀美連這個都不給她，她就可以死掉算了。對紀美而言，她的成長就在這一刻。你無法選擇你的家人，你只能接受，然後盡力抹平家庭牽絆帶來的衝突。

惠文：

那我們再來看另一個十七歲的男孩。

明曜這麼懂事，我讀到後面，一直感到緊張，怎麼說呢？我感到害怕，讓這個孩子這麼早熟、這麼懂事、這麼美好……真的可以嗎？我們真的可以期待一個孩子這麼自律、乖巧又貼心嗎？這是所有母親的幻想。我被戲劇的描述帶進這種幻想時，有一種罪惡感，一邊享受這個完美男孩，一邊擔心這種貪婪的幻想會遭到懲罰。這樣「使用」一個孩子，最後會不會怎樣……看到他衝進險地、被綁起來的時候，我真的非常、非常地害怕！

你有沒有任何一絲意圖，是要讓大家反思，這樣養孩子，養出如此「完美」的孩子，也還是可能陰錯陽差，就和紀新一樣會死在動力會那裡？

洛纓：

熟悉我的朋友看到明曜的角色設定，都會說和我的兒子很相似，也許是某種善良體貼，還有明亮溫暖的特質。我很詫異，因為我在寫的時候沒有特別意識到這部分，只是覺得並不是每個青少年都只有中二那面，或者每個人因為教養方式或其他，成熟的時間不一樣。

鄧醫師的設想的確很有可能，明曜自己一個人前往幸福慈光動力會，沒有檢察官又雲帶著大隊人馬來搜莊園，他就會死在那。我想寫這個男孩的憤怒：紀新已經死了，蓮心也不見了，他為什麼一定要去找到本生，問清楚到底發生什麼事情？因為他要一個答案、一個真相。他就是這麼愛他的朋友，失去朋友讓他驚愕，原來死亡離自己這麼近。

當然，我們也期待明曜似乎有種超能力，他或許無法預知，但當他看著別人的眼睛，他是知道別人心裡在想什麼的，甚至模糊地知道發生了什麼事，只是他沒有告訴任何人，包含他的母親。

即使是這樣「天使」的孩子，也不能什麼事都告訴媽媽吧？一場又雲和明曜去吃迴轉壽司的戲，又雲怕高膽固醇，不敢吃她喜歡的鮭魚卵壽司，但明曜知道媽媽的心思，特別換過來，把鮭魚片給自己，鮭魚卵給媽媽，還勸說這是好的膽固醇。其實沒辦法用太多篇幅描述他們的母子關係是一種「相知相惜」的情感，同時還要展現明曜很容易看透別人心思的特質，不過那場戲是真實發生在我和兒子身上，明曜和又雲的相處模式，的確和我們母子很像（笑）。

惠文：

這就是我好奇的地方——紀新有事不向他媽媽說，因為他和他媽關係不好，他媽頻道沒開，只聽得到她想聽的話。可是明曜要去這麼危險的地方，做這麼危險的事，他也沒有向他媽媽說。我們在整個劇裡看到，卻覺得明曜和媽媽好像是一個比較好的母子關係？

無論與母親關係多好，這「好」底下，仍然存在著一個孩子為了成長必須「自有」的部分。不管是男孩，或是所有的孩子，有些成長的重要轉折，媽媽就是不能參與的。對明曜而言，他一定要去走那一遭，才能克服他的朋友死亡，或者裡面牽動著他自己的某種東西。我想，經過這一遭，明曜就轉大人了。這種很像「成年禮」的東西，本來就是父母不能參與的，特別是我們所談的媽媽。

不過，我反覆思忖，這種不能讓媽媽參與的成年事件，一般常見的大概是交朋友、選科系，或參加什麼社團、無傷大雅的小冒險等級。而他要去做這麼危險的事，明知可能會送命，卻沒有向媽媽說，至此，我們能夠那麼安心地相信他和媽媽的關係算是很好或很理想的嗎？

洛纓：

故事的安排裡，他去之前有傳訊息給媽媽，也打電話給媽媽，卻沒有得到回應，也許媽媽可能在忙吧！而他在出事前就覺得莊園不對勁，希望自己的檢察官母親快點去查。

我想對明曜來說，成人世界有成人世界的程序，這個程序必須透過比較理性的過程，可能是社會關係，也可能是法律，總之沒辦法直接面對問題。以他的態度，或者說是一種莽撞、青春的蠻力——我就是要與你面對面，面對面的時候，我就會知道些什麼。

年輕人有時候去做一些類似成年禮的事，會刻意瞞著父母去完成，因為多半這樣的事情都是帶著有禁忌性，甚至有生命危險。當時並不知道通過這個，你就長大了，快到你來不及阻攔。

又或像紀新，當他知道父親的再婚將有新生兒降臨，不能容納他加入時，我想在那一秒，他就長大了。他下車後，還回頭對爸爸說，祝你們幸福。我相信他是真誠又苦澀的，他必須讓自己瞬間強大起來，不管做不做得到，就是要有長大的樣子。那段我幾乎是一面寫一面落淚，彷彿可以聽到他深吸的那口氣，為的是讓自己堅強。

惠文：

真的是如此。

我們以為的理想母子關係，是要放飛，要關係穩固、互相信任，要能夠「你知道我，我也知道你」、「耳朵打開，頻道對上」一類。但我想強調，有時孩子看起來讓母親覺得「我們關係很好」，是孩子努力讓大人安心，大人不能太掉以輕心。直白地說，我認為孩子不應太需要去「照顧」大人的感覺，太早熟的孩子，有時是因為大人無法給他們更多，變得很擅長不讓人擔心，這裡面付出的代價可能很大。也許明曜終究無意識地讓自己陷入危機，讓母親來拯救他，對母子關係做了一個大提醒。

另一個概念不是從母子關係出發的，是從成長概念上出發的。成年禮，要長成一個男人，或長成一個獨立的成人。這對母親或父親來說，也是個學習之旅。總之，理想不理想，就和前面談的幸福一樣，極端的依賴和極端的不假外求，都會蓄積後座力，最後會爆發。

洛纓：

劇裡還有一名少女，在學校像遊魂一樣的李蓮心，活在冷漠的學校和空無一人的家裡，唯一的家人就是兔子斑斑。加入熱音社是因為要幫忙湊人數，幫大家買手搖飲也是一種討好的展示。她喜歡詹明曜，喜歡到必須用生日禮物說出來，這可能是她人生中覺得唯一有意義的事，但禮物還是被退回來。

明曜以為自己退回的是過於昂貴的限量錶，對蓮心來說，卻是把她推到更絕望的地方——她連喜歡一個人都沒辦法。那種無力感，讓她在一接觸到幸福慈光動力會就像發現新世界，這裡的人不管愛或被愛，都不用通過資格賽，甚至她還因為與本生的親密關係，像擁有了祕密的特權，這可能是她人生中唯一感覺到被寵愛的時刻。

本生是把她帶到天上的神，她原以為自卑羞辱的胎記，在本生眼中是天使的印記，在本生解讀她的「希格瑪檔案」時，她曾受過的苦難都得到解答，她這個不起眼、蒙塵的生命，終於被打上一道光。

本生還透過性，讓她覺得自己長大了，甚至能夠享受性的歡愉，這是她從未有過的體驗。在法文中的高潮，意思是小小的死亡，她就像站在山崖上，一小步一小步往前移，試探自己和死亡的距離，我希望這能和她之前一直有的自殘行為相應和。寫到她的部分都覺得好不捨，家裡很大，卻沒有一個容身之處。她和本生的關係究竟是什麼？

惠文：

我覺得你這段話已經深刻的說明了蓮心和本生的關係了！

如果要再補充什麼，我想到的，是少女和成熟男性——尤其帶有父親形象那種——之間的性關係。這裡指的性，包括身體的性，也包括他們之間難以定義的情愛關係，這是極為禁忌的話題。在這個階段，女孩憧憬成為女人，因此性的對待，往往帶有模糊的雙面意義。

一個寂寞而早慧的少女，並不容易區辨成熟男性對她的欲望是給予還是剝削，即使隱約覺得不對勁，在權力對應下，也不容易挑戰對方的指令，特別是對方如果在關係中混雜著看似甜蜜的鼓勵和肯定。因此，青少年——特別是少女——在這種關係中，絕對是需要被保護的。

我也同意你指出的，蓮心在現實生活中那麼孤單，即使知道本生對她做的事有害或有危險，也可能抱著一種任憑傷害的心態，讓自己一次次瀕臨死亡。一個花樣年華的少女，生活中竟然沒有其他的溫暖可以凌駕性剝削關係中微小的存在感，實在非常悲傷。

洛纓：

在寫這些十七歲的青少年時，我當然也會想起自己的十七歲，除了談戀愛以外，每天晃來晃去，能在外面多待一會兒就不回家，一切都是為了逃避家庭，但現在回頭看，可能加上時間的距離，那些問題並沒有那麼難以忍受。

我在面對自己孩子的十七歲時，因為之前一直和他們保持相對平等而民主的關係，已經挖好溝通的渠道，也能互相尊重，沒有太感受到他們的叛逆。但我知道很多父母在孩子逐漸成形為大人時非常痛苦，是原來掌握孩子人生的權力即將消失嗎？青少年真的那麼難以理解嗎？

我本來以為現在相對開放的社會氛圍下，父母能輕鬆一些，但事實上不是如此，曾經的「被需要」消失了，父母會沒有安全感，那其實是很難受的過程。因為父母在成人的世界裡受過太多跌跌撞撞，比較難放手讓孩子自己去試探，賭一個成長的機會。

惠文：

所屬、歸屬、關愛，與成長獨立，是一連串的交錯心理叢結，沒有標準方程式，沒有同樣的解答。有時你的肉是我的毒藥，因為每個關係裡的個體都因為對手不同，產生不同的狀況。

解藥只有一種，叫「我願意」，但也因為「我願意」通常帶有副作用，比方期待對價，甚至服用了這藥後自我感覺良好，還強迫別人吃這帖藥。這都是因為——我們思索問題時，多半是以「我」這個存有來思考，很難代換成另一個主體的「我」一體適用。

所以「我為你想」、「我為你好」、「我都是為了你」，甚至「我不打擾你也是為你」的種種台詞，有時產生扞格，甚至會全猜錯。我僅願意說：人生好難，心理分析不容易，「我願意」更難啊。

03

精彩悲慘一念間，看你願意不願意

人在經歷這樣的創傷後，要怎麼與未來的生命相處……

這樣的事，有可能「過去」嗎？

洛纓：

最原始故事裡的貧窮夫妻，就是嘉美與維成，發生在他們身上是個百分之百的悲劇。可能是因為看到貧富差距愈來愈大的社會現象，想把那種無法翻身的絕望感，展現在這家人身上。

因為一場車禍，丈夫維成失去說話的能力，每個月要賠償被害人五萬元和解金，他們還有三個小孩要養，住的房子要都更了，就算維成開校車還兼差送外賣，再加上妻子去做鐘點清潔，也只能勉強餬口，因為貧窮，連相互取暖的性生活都失去興致。在這樣的情況下，妻子進入看似充滿希望的動力會，以為會在那裡找到「重生」，但最終，還是把一家人帶上絕路。

惠文：

嘉美的小孩可以不用死嗎？不要全部都死掉吧！我覺得很難過，我有一個衝動想問你，如果對劇情沒有影響的話，一定要全部的小孩都死掉嗎？這個念頭盤旋好久喔。

洛纓：

其中有個版本的確是全家一起死了，後來又覺得活下來的人比較痛苦，很難想像留下來的維成，他未來的人生會怎麼走下去？當他被巨大的死亡輾壓過，剩餘的人生背著這麼大的創傷，到底有沒有辦法恢復？好像無論如何，就是得要帶著這個東西活下去。對我來說，這個滿像許多人生命的情境。

又如凱莉，她把兒子帶到動力會管束，結果教眾失手把她自己的兒子打到奄奄一息。在看某個案例的新聞深入報導時，發現類似的悲劇所留下來的那位母親，像是個沒有聲音的人。不曾聽過這位母親的說法，她到底對於「帶兒子去找老師」這件事現在的想法是什麼？管教到這種程度是可以的嗎？作為一個加害者同時也是受害者，那位母親像是被掐住喉嚨，一句話都說不出來。後來得知那位母親已經出獄，和姐姐生活在一起，姐姐變成代言人，她也要和這場悲劇一起活到她人生的最後。

雖然故事裡沒有說出來，但我想知道，人在經歷這樣的創傷後，要怎麼與未來的生命相處？這是留著維成活下來的原因。這樣的事，有可能「過去」嗎？

惠文：

我也想知道那位沉默的母親心裡在想什麼。我姑且揣測，一個命運谷底、求助無望的人，會以一種幾近自殘的方式，自虐（自己可以控制的身體或人）去換一個希望。至於，事件結束後，她更是一個巨大的問號。

村上春樹的關於沙林毒氣事件訪問裡，不斷提出這樣的問題，沉重得令人喘不過氣來。有一首英文老歌叫〈All My Life's a Circle〉，唱得很有朝氣和希望。其實，就某程度而言，人生像個循環不出的迷障，甚至自己都無能力解釋。我想，你不是要提出解決的方案，而是想點出這種孤絕吧！

洛纓：

的確是孤絕的處境。事發前，她是個失婚的單親母親，她可能不知道如何自處，孩子逐漸長大，心靈沒有寄託，這時候有人告訴她還是世界還是有希望的，她當然會毫不遲疑地選擇去有人關心的地方。事發後，或許自己也想弄清楚，當時的自己是怎麼回事？

劇裡還有個很像邊緣人的角色，就是吳庚霖飾演的巨星費慕淇，他和自己的經紀人是一起苦過來的，由於慕淇不願意對自己的性向「拿定主意」，以至於他的經紀人三島長月除了要替他擋醜聞，還要壓抑自己對慕淇的期待，她期待這個像兒子又像弟弟的摯友男孩能回應她的愛情，慕淇也心知肚明，卻裝聾作啞。他需要她張羅他的世界，因此自私地不肯說白，兩人的關係逐漸失衡而扭曲。

會想寫一個這樣的角色，其實與我在這行工作十多年的經驗有關，我觀察到「藝人」大都不快樂，愈紅、愈大牌就愈不快樂。因為行業屬性不穩定，你擁有愈多，代表你能失去的東西太多了，像是背著包袱走鋼索，經常處於焦慮不安的心情。

礙於是公眾人物的緣故，他們幾乎不能輕易求醫。在那個光鮮亮麗的舞台上，他們可以呼風喚雨，但就算是五月天的演唱會也有時間限制，大多數時間，他們就和普通人一樣必須走路、吃飯、過日子，不同的是他們處在「敵暗我明」的狀態下，確實有著不足為外人道的孤寂感。工作環境的變動性讓他們很難交朋友，也很難維持一段穩定的親密關係。在鄧醫師的病人中，應該也有類似的案例吧？會給他們什麼樣的建議呢？

惠文：

公眾人物不見得不能輕易求醫，我想你指的是心理精神方面的治療。問題在於，這種問題還真的不容易治療。像慕淇這樣的偶像型明星，身上背負著眾人的強大投射，看起來光芒萬丈，呼風喚雨，但假以時日，他們都會知道，他們和他們的衣食父母——所謂的「粉絲」之間，並不是偶像控制粉絲，而是粉絲控制著偶像，透過支持，透過抵制，甚至透過一句匿名的「我對你失望」，就足以匡限這個偶像的一舉一動。

為什麼愈紅愈不快樂？除了你提到要失去的東西，例如自由，在那之外，更大的痛苦來自於——他們愛（戴）的真的是我嗎？如果真的愛我，為什麼只有照他們期望的時候，才追隨我呢？

偶像往往是眾人內心理想形象的傀儡。人們供養偶像，養的不是另一個人，而是自己的夢。如果偶像背叛了支持者的夢，遭到的對待可以是懲罰式的無情。如果看不清這一點，或是把「真實我」和「偶像我」混在一起認知，將會陷入很大的危機。這是許多大明星體驗的空虛、焦慮、自我懷疑，以及現實。

能夠存活下去不崩潰，必須誠實地看待自我，心理上，維持自我和外界投射之間的界限，同時還要保有為創造、展演的熱情。只能說，大明星不是人人當得起，不只關乎才華，還關乎心性的堅韌啊！

洛纓：

費慕淇在舞台上燦爛精彩，但沒有人能讓他完全放心，於是轉成一股怒氣，對什麼事都看不順眼，又必須保持形象。可以感覺到他瀕臨崩潰又必須努力隱藏的困窘。於是他像一個高空走索人，隨時都有可能掉下來，但下面還是有人期待，有人喝采。

我認識一些藝人都面臨這種問題，再怎麼坦率自在，還是需要保持「當初被喜歡的我」，真的很辛苦。確實啊，成名還是要付出相當的代價。

04 每個「願意」背後，都有個「不願意」？

「為了幸福，你願意付出多少？」

在我看來……每一個願意的背後，都藏著一個不願意。

洛纓：很多人問我，這個故事為什麼要叫《我願意》，一開始是因為那個自我承諾，或承諾別人而必須付出代價的疑問，不過，我們確實知道承諾了什麼嗎？很多人看到「我願意」，都會以為是愛情和婚姻的題材，真正得知內容時，會產生一種反差感，留下更深刻的印象。當然，寫的時候，我很直觀地覺得這三個字像咒語，做了承諾就像被綑綁住，動彈不得。

惠文：關於「我願意」這三個字，到底願意什麼，或需要什麼？算不算是一種對價關係？不管是任何一種感情，似乎都需要這一個，好像沒有人有辦法可以超脫。

洛纓：

「我願意」可以是各種意願的表述，但對我而言，更偏向於承諾或者是結盟的感覺，這兩件事情有滿大的差別。我一開始的想像，其實是從一種「無條件付出」的角度，像父母對子女，像神與人。在我想像中的「我願意」，是一個巨大的應許。譬如說，對婚姻說「我願意」，或者對宗教說「我願意」，就像承諾了在時間和規模上都無敵大的事情。

整齣戲中，唯一沒有說出「我願意」的就是本生，他沒有答應或承諾什麼，沒有對任何人說過「我願意」，這句話都是出自其他角色之口。每個角色真正了解他做下來的這個承諾，代表的意義是什麼？或者得付出什麼嗎？除了金錢，更可貴或者更困難的代價是什麼？在不同角色的日常生活或生命中，最缺失的那部分又是什麼？

大家都不斷尋找，以為找到了，就緊抓不放。誰敢誠實地說自己完全不求回報呢？有時甚至是以小博大的期待。捫心自問，我們真的可能因為這個小小的承諾而得到更完整、更巨大的愛，或者永恆的安全感嗎？

惠文：

這部劇的宣傳中，有一句很打動人的話——「為了幸福，你願意付出多少？」這是洛纓講的付出。看劇的時候，我不斷地被「願意」這個東西打到，在我看來，那每一個「願意」都是「不願意」！也就是說，每一個願意的背後，都藏著一個不願意。

動力會的成員在會裡說「我願意」，比方說，嘉美願意上六萬塊的課程，那對貧窮的她來講，是多麼大的一個數字。或者說願意為了所有人的幸福，要做這些事、那些事，要奉獻，要付出，他們說出這些「願意」，背後的驅動力其實是「我不願意承受生活中的那些痛苦」，例如我的命運、我的處境，所以我願意用這個地方的方法，目的是擺脫我原本的痛苦。這該說是「我願意」，還是「我不願意」呢？

那些人，包括不願意接受孩子不像理想中的孩子的母親、不願意面對罪惡感的明星，還有成長過程中，不願意與他人妥協的年輕人。他們奮力高喊「我願意」的時候，都是迫切渴望跳脫那些「不願意」。

「為了幸福，我願意付出多少？」其實是「為了不要不幸福，我願意付出多少？」。那裡面的所有人，都奮力地想逃開那些一直拽著他的感受，所謂的不幸福、不被愛、不被看重、不被認識、不被珍惜等等。

許多人問，那些人為什麼如此輕易地被騙、被剝削？他們真的看不出教主的破綻嗎？如果我們了解他們的需求是「擺脫現況」，就比較能理解了。本生應允的「幸福」是不是真的，他們無暇也無意理性辯證，驅使他們投身的動力，是逃離過去與現在，因此，即使教主描繪的幸福抽象又無法驗證，也無妨。奔向什麼不重要，只要是往離開現在的方向跑，都值得嘗試，這是絕望之人的最後希望。

洛纓：

我在寫完劇本後，突然像戴了放大鏡，發現日常生活中充滿了需要說「我願意」的時刻，覺得有點驚悚，原來大家都在滿口開支票。

惠文：

的確像是開支票，也像是一種自我預言。彷彿多說幾次，我就會做到我說的。

你這麼說，我突然明白，像動力會這種團體，每次一起大聲喊口號，為什麼那麼重要了。不願意喊口號，就不會開始融入。新進者要過這一關，才會被視為真正加入，他們會說這代表發願與決心，其實也是表示願意放棄自己的判斷和界線。心靈催眠，不就是如此？

第2部

當失意人遇見那句「我懂你」

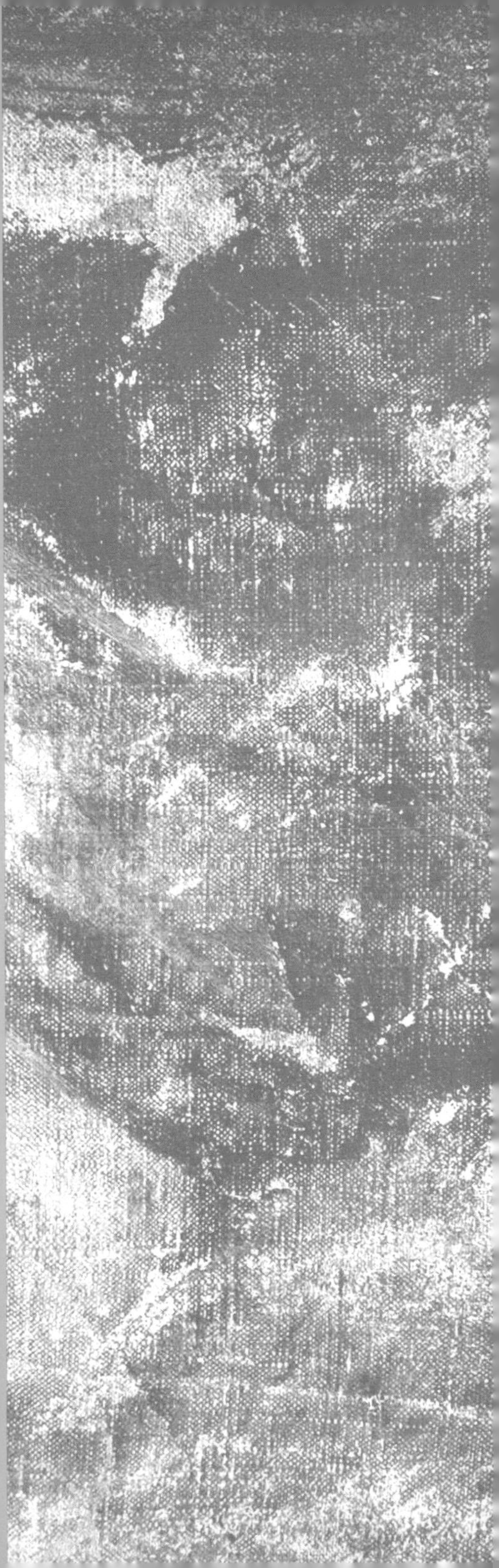

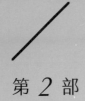

這些失意人在動力會得到什麼？為什麼他們會一直來，甚至要付出很多。有些人在這裡得到同情；有些人在這裡某種需要被滿足；有些人在競爭當中重新找到自己的位置或動力。老實說，除非這個動力會在結構上層層節制，且多中心控制（可能沒有這種會吧?!），不然大都是集中於一人的引領與救贖。

這個人其實很累吧，或者他是超人般的非常人。

如動力會這樣的團體，這種療癒救贖的地方，它的結構特質是什麼？除了提供某種價值觀，我覺得重要的是那個「老師」，如劇中的本生，他是怎麼對待信徒的？這種「療癒」的角色，會做什麼事情？某些事做得剛好是療癒，做得超過或踰矩，就會變成控制，它就是不倫理的。而我們最好奇的，是那些追隨者為什麼會被操弄？他們為什麼那麼聽話？

這些劇中角色和動力會的關係，其實都有一個特質，那就是以「陪伴」為始。陪伴，簡單來說就是花時間陪你，耐心傾聽，幫你的空虛迷惘填上「意義」，描繪你可以前往的下一站、新生活，給予「我懂你」的感覺。

有神一般巨大的家長、老師可以依賴，有兄弟姐妹無條件的親愛，這樣的地方讓人得以喘息，不用在矛盾中思辨，不用自己做艱難的抉擇。投身此處的人並不是愚昧，而是疲憊。

世界很多元，很繽紛，但是讓人很疲憊。加上全面的消費模式，人們愈來愈相信「沒有買不到，只有想不到」。連快樂都可以是商品，可惜我們總買不齊快樂所需的各種原料。而動力會說，你只要付學費、會費，或某種捐獻，就能得到快樂的入場券，疲憊的人在這裡不計代價地說「我願意」，是不是也可以被理解呢？

——惠文

05

「師」者，是痛苦與祕密的載體

「老師」二字很好用，特別介於生熟之間……

一個魅力十足的「老師」，彷彿可以看透你心裡的想法。

洛纓：

我是個名符其實的老師，但最早對某些人來說，好像是一個仙姑般的存在，我可以很直覺地說出你正在想什麼、你此刻需要的是什麼。在不是出自於個人利益的情況下，試著重新去定義你，或是給予你更多正面的肯定，因為你可能在一個痛苦的狀態當中。

我並沒有什麼特殊的能力，我只是綜合了直覺、經驗和觀察，更重要的是想幫助你脫離痛苦的動機。但這很容易形成強烈的依附關係，到後來變成負荷太重。我不是觀世音，沒辦法讓這麼多人依附，「老師」的身分更像是一種痛苦與祕密的載體。

劇中的主角「本生老師」第一次出現是在我的另外一個劇本《女子時代》（播映時更名為《哇！陳怡君》），當時的本生老師，是個政治人物會去諮詢問事的人。他沒有什麼教派，也沒有政治利益交換，通常是熟人介紹，紅包隨喜，離開的時候也會送訪客一包「樂福茶」，因此他在我心中的形象一直很鮮明。

我也會想，真實人生中如果有一個這樣的「國師」，他的某個看似不經意的建議，也許會對社會造成很大的改變，如果是出自善意的，那是萬民之福，相反的，如果懷著操弄的惡意，或者出自利己的動機，那會造成什麼樣的結果？

故事中以「老師」為名，其實沒有戲謔的意思，在廣泛的娛樂圈裡，「老師」二字很好用，特別介於生熟之間。一開始，如果不是我親自教過的學生，我是不許人稱我「洛纓老師」，後來大家叫來叫去，好像變成名字，不管是誰都這樣叫，聽起來似乎比較有禮貌，我也只好棄守。畢竟，稱呼「老師」既可塑造出權威感，卻又比「師父」、「上人」、「法師」等來得親切。

而像這類由「老師」導引的團體，好像不只是學習，更有可能是有個神祕的什麼吸引住了這些人，關係親密，黏度很高。一開始也許是因為團體本身的價值取向，你在其中得到接納和認同，但若有一個魅力十足的「老師」？

他彷彿可以看透你心裡的想法，傾聽你的失意，知道你此刻需要的是肩膀還是手帕，在必要的時候會又狠又準地指出你的弱點，讓你對他心悅誠服，甚至會勾引起更多的好奇心。這些互動一點都不粗糙，「老師」很懂得「因材施教」，看見你的渴求（也是人性的渴求），無條件地滿足你。

惠文：

我們就是要探討這種「老師」現象。失意的人去哪裡尋求撫慰？哪個地方才可以承接他們呢？

在最早的社會結構裡，個人在宗族組織裡，有家庭、宗教、文化（例如原住民族裡的 Gaya、Gaga）等約束，每個個人都被各式各樣的信條與習慣——不論是功利的或非理性的——綑綁在一起。工業化衝擊了這樣的結構，現代性和後現代性取代了原本的典範。職業分化，迷信解除，宗教與世俗分開，家族和次文化裡獨特的、凝聚集體的規章制度也失去約束力。於是，過去總是感覺統整、或被迫統整的個人，開始看見自己的欲望、私心，以及差異。

多重價值帶來自我的矛盾，每個人都有權快樂，但太多人不知道怎樣才會快樂。因此，在各種文化和社會中都有這樣的團體，其結構常是某一個人帶領著一群人，以同心圓的方式漸次往外，最外圈吸引了許多所謂的「失意人」，在中心的這個人，則以某種特定形象出現。

例如，以宗教為名的是教主、師父；也有以療癒為主，標榜或被認為有某種神奇的治療力量；又或是透過傳授所知，教人應該怎麼過生活，也會被廣義地稱為某種「大師」；最不具宗教意味的可能是像「智慧麵包」這樣的短影片；再久遠一點，是我們父祖輩每天撕掉的月曆上寫的格言；最近的，則是每天我們收到的長輩人生體悟文，配上寧靜音樂的心靈雞湯。

在《我願意》中可以看到，「幸福慈光動力會」這樣的一個組織，吸引了很多人，並且形成相當大的組織內部力量——不管是「制約」或「規訓」，當然，最重要的是它也有很大的「支持力量」。

會中的「帶領者」，大家稱之為「老師」。「老師」對這些人（信徒）到底做了什麼？好比劇中的本生，他對某些人可能是真正的同情，對有些人可能是需要，對有的人可能是競爭，也可能是憎恨或嫉妒，這牽涉到每個人來到這裡的心路歷程。

洛纓：

故事一開始，本生身邊就有兩個深受器重的師兄姐，蔡師兄和凱莉。蔡師兄在他的自白中提到自己經歷過妻子出軌、夫妻爭執，最後妻子自殺讓他幾近崩潰。他意志消沉、酗酒、事業失敗，就在人生將全盤皆輸的時候，認識了本生。

凱莉的故事則是丈夫外遇。她離婚，獨力撫養雙胞胎，到了孩子青春期，親子關係出現裂縫，更重要的是她始終沒有從離婚的挫敗走出來。他們涕淚縱橫的自述，有力地見證老師的中心思想。他們是老師的「模範生」，也是老師有利的助手。師兄姐和其他會員對老師的信任替老師接下來的「治療」打下很好的基礎。像這樣的宣教手法，好像很常見。

惠文：

洛纓說到人根深蒂固的心理結構，有位得過諾貝爾經濟學獎的心理學家丹尼爾．康納曼（Daniel Kahneman），他在名著《快思慢想》（*Thinking, Fast and Slow*）裡談到系統一和系統二。人們慣常用系統一生活，喜歡簡單，不愛複雜，低耗能沒有心機，就像自動駕駛系統一樣，可以節省精力，而且，系統一很容易受到暗示。

另一方面，系統二就是相對的理性思考，複雜的運作，考量很多。不過，系統二平常很相信系統一的運作。人們生活的任務是適切地在這兩種系統裡切換，快樂、安適、合理的生活。或許在「我願意」的狀態裡，大家都在系統一裡頭，很容易受到暗示，簡化問題，由系統一自己處理，搜尋最近的記憶與資料，不去喚醒系統二。

而洛纓說的，本生老師的模範生——凱莉、蔡師兄，就是一個暗示系統，甚至是明證。換到治療的場域，多數人熟悉的精神醫學大師，夏考（Jean-Martin Charcot）、佛洛伊德（Sigmund Freud）等人，或更早期也都有用來展示治療效能的模範病人。另外，本生老師——我猜洛纓暗示的是本生燈，一盞明燈，一整個暗示系統？

洛纓：

的確是，但不知道現在的學生上化學課的時候，還做不做實驗？本生燈是我們過去做實驗會使用的加熱工具，我覺得這個名字很有趣，也真的暗示了什麼，又有多少人會像鄧醫師這麼快就聯想到？

本生特別花心思在李蓮心和費慕淇身上，表面上想成為他們的「上師」，所謂的上師特別是指宗教在修行方面的引導，這個概念最可議之處，是本生想要重新定義「你這個人到底是誰」。重新註解費慕淇是誰，意即現在的你並不完整，而且你如果是個支離破碎的人，就沒有人愛你了。

但是，本生又再指出一條重生之路——如果在我的課程學習後，你會是個完整的人，會有很好的影響力。這切切說中費慕淇身為偶像的軟肋，他需要被喜愛、被歡迎、被盲目崇拜，但他心裡又感到自己是不夠的，在劇情中沒有太著墨他與母親的關係，然而他其實是活在母親的期待中，好比在母親的喜好下，慕淇的本名就叫「張黎明」。

當本生對臉上有胎記的李蓮心說，在你臉上的，其實是「天使的印記」，蓮心完全相信他的話是真的。因為這個天使的印記，蓮心最大的自卑瞬間變成獨特且無可取代的。本生直接用高強度的重新定義，讓蓮心不用去輔導室，不用做五年的諮商，不用理解深刻教義，在這個過程中自然成長，都不需要了，像坐直升機，直接就飛上去。然後，她也在這名「老師」對她一對一的親密中，驗證了老師口中「你獨一無二」的正確性，「老師」用行動，用性證明他說的話是真的。

相對於其他人，這兩個角色是比較年輕而單純的，本生很容易賦予他們對他的渴望。一種人對人的親密關係，他對慕淇調情式的撩撥，用行動試探他的性向，讓費慕淇在失去經紀人的痛苦中，立刻擁抱情感上的浮木。

對本生來說，成為別人的「老師」不純粹為了性或金錢，在這些行為當中，滿足了他想要操控，甚或證明自己的存在，這是當初設計本生的複雜面向，他的口頭禪：「我只是一個普通人。」事實上他做的是「神」做的事，這樣的混淆是刻意的嗎？他好像一直閃爍不定。在我的調查中，好像男性老師（教主）的比例比女性多。

惠文：

女性教主其實也不少。聽說美國的安妮．漢密爾頓．拜恩（Anne Hamilton-Byrne），收養二十八個孩子，剪一模一樣的頭髮，給孩子打迷幻劑（自己也打），不聽話的把頭髮染白。

也有黑人女性教主，克萊門汀・巴納貝特（Clementine Barnabet）的獻祭會（從巫毒信仰裡分歧出來），還像出草一樣，用斧頭砍人頭，去向女教主表達忠心，並且獲得永生。

美國在二十世紀二〇年代，開始出現名人牧師，麥艾梅（Aimee Semple McPherson）大概是第一個這麼舞台化的女牧師，一上去會講「方言」醫病，瞎子也重見光明。後來自導自演一個騙局，受司法審判。

印度也有一個薩哈嘉學校，女教主叫人家拿她的畫像冥想，信徒有十萬多呢。

巴西有一個的女邪教教主，論述上結合了末日理論和外星人到臨。說是一九八一年以後出生的都要殺死。

墨西哥也有個女教主，用活人獻祭，而且都不是自願性的死亡……

洛纓：

鄧醫師提到的這些例子，儀式感都很強，彷彿就在眼前。許多社會案件裡，都會看到不管是韓國的「薩滿」、泰國的「巫師」、日本的「通靈師」都有可能被惡意偽裝，用來控制他人，謀求個人的利益。有些比較積極的信徒也會主動為「老師」多做一點事，彼此爭奪「老師」的關注，幾乎可以演一場後宮鬥爭的戲碼。

寫凱莉對本生無條件的信服，想描繪的是我認識的某些女性，她們就是很喜歡「專家」，尤其是「男性專家」。比方說，她們挑男醫生，她們對於這種權威，有種包含著性別上的崇拜。男性專家講什麼，他們說你是一個怎麼樣的人，那些對她們而言都是神諭，都是答案。而對凱莉來說，她也會認為自己好像知道怎麼愛別人了。她覺得自己被愛，不如說她覺得自己被關注、被當一回事。她因此才能認同自己愛別人的方式，而且認為自己愛的方式就是最好的一種，特別是對孩子。

惠文：

我個人認為，凡崇拜，或者洛纓說的「獲得了關注」，基本上是一種單行道的愛，這種單行道的愛，在很多時候都是父權式的（這裡使用「男性」是一種權宜說法，並非認為男性女性應該有此刻板差異。人類學研究可見，女性角色被賦予，甚至被期待展現這種氣質的社會也很多）。總而言之，凱莉複製了父權式、單行道的愛的方式，一種宰制，我們常聽到的用語，例如「我都是為你好」，就是這種表徵。

整體而言，我是相信，在各種文化中，男性教主和女性教主，根據信眾對父母原型的心理投射和需求，應該會有典型的角色扮演模式。

06

想知因果？請練習「喜歡」、「可是」、「不知道」

人類求知欲的極致，必然好奇自己從何而來、因何而來……
那是亙古以來，人類從猿猴直立起來，
走出森林，探索世界開始就有的。

洛纓：

幾乎每個人都會有那個時刻——問自己的存在到底有什麼意義。有的人是從十幾歲就開始發問，有的人到生命臨終前才開始。不管是宗教或靈性成長的人事物，都可能帶領他到某個地方，引導他們思索自己的存在，究竟為何而來。通常，所謂的「存在」不只是說你的肉身實體，還包含那些看不到的東西，例如前世、指導靈、高我、因果、業力……

在劇中，有很多個「我」想被理解，想找答案，於是「幸福慈光動力會」就設計出「成長課程」，每一個階段都有一個主題，當然這些課程所費不貲。直到更深入的「極限課程」後，你便有資格加入隱密神聖的「希格瑪教」，並且在入教儀式後發下誓言：「我願意」。同時，你也有了被閱讀「希格瑪檔案」的資格。誰有能力閱讀呢？本生老師。同時還開發了一個潛在的使者費慕淇，能做老師的助手。此時，問題來了，什麼是「希格瑪檔案」？

惠文：

「希格瑪檔案」是什麼？

我試著想像，那應該是某種超越個體生命、超越了此生此世，可以涵括個人存在意義的理解。比方說，紫微斗數、人類圖，這些解釋都有一些說服人的地方，能幫助人們理解和接受命運，得到心靈的安頓，甚至是一種啟發，但是這些可能都還沒有博大精深到讓所有人信服。

如果可以窺見解釋每個人的使命、存在意義與價值的大智慧，所有的迷惘都會煙消霧散。各大宗教的教義，就具有這樣的性質。

「希格瑪檔案」，如果全集有一百冊，個人能夠窺見一頁，就足以在這個渺小的人世，得到堅定的力量吧！

那麼，人們想從「希格瑪檔案」看到什麼？

太多了！想看看什麼事情是個人使命，是我應該去做的？（有同事說，想看「前女友為什麼這樣對我」），能看到的話，我也想知道以前的男人為什麼要離開我啊。還有，父母為什麼偏愛其他手足？為什麼時運不濟？什麼時候才有好日子過？

大部分的人，需要靠自己的成長去尋求這些解釋，而找到一種能接受的說法，就安頓了。例如「前女友為什麼那樣對你」，對於這個問題，你期待的答案是什麼呢？

有人只想聽「你前世負她，這輩子要還」；有人或許不會被這說服，他買單的可能是「必須有那被背叛的經歷，你才會完成蛻變」；也有需要感覺自己是一切源頭的，只想聽「你以為對她好，其實卻在傷害他而不自知」。有人想知道是自己召喚了這樣的經歷，有人只想確認自己全然無辜。本生具有的獨特能力，未必是天聽，但他能看出、給出每個人想聽的話，這的確是一種難得的能力，也是教主級的能力。

洛纓：

如本生這樣的人，應該有元宇宙的概念吧（笑）？我也被問過，這個「希格瑪檔案」到底「存」在哪裡？如果我們能接受雲端儲存，當然也有不須透過硬體媒介的可能。渴望知道生命的本質，才是背後推力吧！當然，放棄躺平也是有的（笑）。

惠文：

人類求知欲的極致，必然好奇自己從何而來、因何而來，生命的底蘊，宇宙的奧祕。那是亙古以來，人類從猿猴直立起來，走出森林，探索世界開始就有的懼怕與好奇，尤其是面對自然，面對人，面對自己這三個面向。

面對自然的無常，衍生宗教；面對人的無饜，產生文化和法律，面對自己的無力與徬徨，產生依附與感情。一部周全的「希格瑪檔案」，要包括這一切吧！

洛纓：

寫作之初，的確是發現近年來，參加這類團體的人愈來愈多，不管你稱此新興宗教或心靈成長團體，其中不少是青壯年或大學生，這和過去我們印象中，人到晚年才有閒去跑道場、佛寺，或從小就有堅定信仰的情況完全不同。

我無意去影射任何一個特定的團體，但透過媒體上看見大批穿著同款制服的年輕信眾，對著某個特定人士迎接跪拜，很難不令人想起北韓這類極權國家，但跪在那裡的群眾是誠懇、心懷恭敬的，看到此，很多人不免會好奇，那麼吸引人的團體，內涵究竟是什麼？吸引他們的是某個特定人士還是教義？

劇本中的「會員」（信徒）都相信本生會讀檔案，他們必須要這樣相信，待在那裡才有目標。當你問本生，檔案裡寫了什麼，他會模稜兩可，甚至千篇一律地說：「檔案裡記載了你的前世，你今生的使命，你面對的困境……」，他好像利用人對於「我究竟是什麼」的渴望，作為一個操控的工具，但更進一步看，我覺得「閱讀你的檔案」更像他建立親密關係的方法，他與這些信徒要有很堅實的連結，而那個連結，就是「希格瑪檔案」。

只有他有能力讀到你的「希格瑪檔案」，所以你和他之間形成了一個獨特的關係，他知道更多關於你、而你自己都不知道的事。放到某個西方教派裡看，有點像「聽析」的方式，過程中，你會把你的悲傷或罪惡、你不為人知的祕密都講出來，這些治療的「報告」掌握在他們手裡，當有一天你想背離，腳步會更加遲疑，害怕他們如果使用你的材料來控制你，怎麼辦？

他們被動力會吸引，除了那些關於愛別人、要被愛、要改善生命之外，唯一一個比較超脫現實、富有神祕感的東西就是「希格瑪檔案」。希格瑪教崇拜的是風、火、水、土、木，是大自然，沒有實體的偶像，也沒有「神」可以膜拜。本生說：「我不是什麼神佛，我就是一個『老師』。」他把自己放到一個比較旁邊、傳遞訊息的位置。本生「讀」信徒的檔案，不是本生「寫」信徒的檔案——你的檔案本來就在那裡了，我只是幫你把它讀出來讓你知道而已。

至於那個檔案為什麼會在那裡呢？就是為什麼會有那些檔案在，假設有的話，存在空中的什麼地方呢？沒有誰解釋那些東西是哪來的。如果非科技專業人士，我們好像也說不清楚具體「雲端硬碟」是怎麼做的？到底在哪裡，或者現在的虛擬貨幣、區塊鏈、NFT，更是「無中生有」吧？於是，關鍵不在內容，而是「解讀」了。

惠文：

也許正因為不解釋為什麼檔案會在那裡、為什麼我能讀，這個檔案才有魔般的影響力吧！

劇中人在「希格瑪檔案」中讀到自己的價值，當下各種困擾、「我為何如此悲慘」等想法，因為轉念，就有了轉機。婚姻、人際、職場，一瞬間就可以安頓。至於那個「閱讀者」，所謂的「老師」，他是怎麼接通知曉宇宙祕密的頻道？是天生超能力者，還是被揀選開通？這些人沒有太大的意願去考證。這個老師值不值得相信，是「外面」的人才會想的事，而持續這樣想的人就不會變成「裡面」的人。這就成為一個邏輯問題了。

當「老師」給了需要的人一個說法，解開所有心結，去質疑他似乎是沒有必要的。何必管他是不是真的有超能力？如果他的確釋放了我的痛苦，不證自明。整部龐大的「希格瑪檔案」，有個特別的人得以偷窺，並且把它拷貝下來，讓我們這些凡人得以撿拾使用。別說質疑了，需要的人，反而是無盡的感激，甚至會去阻擋別人質疑或檢驗他們的「老師」。

一定要說的話，我覺得這種「大智慧」檔案，也是有公式的。

本生給信徒的解讀，比如蓮心。她那麼自卑、無法融入，得不到關愛，深刻地孤單。本生給她的訊息是——「你是天使」，你臉上的胎記，大家認為醜陋並且嫌棄的那個東西，原來是一個天使的印記。這個敘述是最初階的一種「安慰」，公式是「你認為壞的地方，其實正是有價值的地方」，將一個人的苦難反轉，定義為有價值的，我們暫時把它稱為「希格瑪檔案」的公式一。

再進階一點就來到，比方費慕淇。他內心隱藏著愧疚，沒有照顧好經紀人長月，可能是他隨意地責罵而害她想不開。他很懊悔、自責，認為自己有錯、有罪。

本生看出這樣的心境，將之轉化成一種「責任」。他給慕淇的訊息是：長月的犧牲就是要喚醒你，「不要迷失在無謂的東西之中，你要好好的做自己，拔掉你的外殼，真正地袒露你自己」。先同意慕淇的假設（我害死長月），接著把他的愧疚順勢轉化成責任（為了讓她死得有價值，你要變好），公式是「正因為愧疚，所以你要放下愧疚」。不否定他的自責，卻化解了他繼續在愧疚中自我折磨，「我如果繼續一蹶不振，就更對不起那個為我犧牲的人」，這是更進階的公式二。

我們可以一直解下去，看見愈來愈高深的層次。坦白說，所有的療癒，包括正式的心理治療，都牽涉到這種撫觸心靈和轉念的藝術。例如，有人找治療師，說自己從小不會講話，從來沒有人相信我，弟弟打破東西，父母總認為是我做的，但我都不想解釋，我就是這麼軟弱，連自己都看不起自己……

治療師如果使用公式一，說法可以是：「其實你很勇敢！不為自己解釋，承擔罪責，需要很大的勇氣！你總是保護著弟弟，你真是一個善良的好姐姐。」這時如果再引用一些寓言，例如，有個女孩為了要解救被巫術變成烏鴉的十一個哥哥，她承諾在織完十一件蕁麻衣服之前，絕不開口說話。無論別人如何誣陷她是魔女，折磨她，要燒死她，她都堅持編織，不為自己辯解。在她被架上火刑台時，十一隻烏鴉飛過，她也織完最後一件麻衣拋上天空。魔法解除，哥哥們恢復人形……

以這樣的故事原型強化這位女孩的自我價值，讓她有一個新的角度看待自己，我不是懦弱，是勇敢；我不是口拙，是堅忍。這種公式一的語言，未必能「真正」幫助她——我認為她真正需要的是建立自信，敢於自我表達，但她可以藉由這種安慰，暫時不感覺那麼痛苦。

（好的，我承認我不太欣賞這種治療，但這樣操作的治療師，可能比千辛萬苦幫助女孩面對自我懷疑、努力學習溝通表達的治療師，更容易被認為「高明」。還好，這通常只是暫時的。）

洛纓：

這公式要用得好，滿需要想像力和口才。

惠文：

公式一可以運用在各個層次，可是有些人不會滿足於這個層次。像是慕淇，或者凱莉，因為他們已經觸及更深一層的問題：你說我是天使？我為什麼要做別人的天使？我是我家人的救星？為什麼我這麼倒楣，居然要救他們？就像如果有治療師對我說我的使命是做個好姐姐，承受責罵來保護我弟弟，我應該不會買單。為何我要照顧他，不是他照顧我呢？他們需要更進一層的、能滿足自我中心的解釋，這解釋必須有更高的目的性價值。

綜觀前述，「希格瑪檔案」的兩種階段，其一是「缺陷反轉為價值」，其二是「愧疚順推為責任」，而這責任服務的人是自己，不是去服務別人，所以解開了愧疚的自我折磨。

我遇過一位女性，因為論及婚嫁的男友持續交往其他女孩，不管怎麼談判都解決不了，她也不願離開，因此痛苦不堪。她試過看精神科，但覺得沒有改善。有一天，她突然告訴我，她「都好了」！原來朋友介紹她去找一個算命師，算命師聽了她的困擾，「看」了她和男友的命盤（這也是某種「檔案」），算命師告訴她：「你這個男朋友，格局和財庫都是人上人，你只要當他三個女人之中的一個，得到他的三分之一，就遠遠勝過別的男人給你的百分之百。」算命師的話，瞬間讓她釋懷。

我一直記得這故事，因為這種解釋對我絕對沒用，我一直好奇，如果像我這樣的人，因為同樣困擾去找這位算命師，他會不會還是很厲害，一下就知道要說什麼對我才有效呢？

洛纓：

這麼一說，也讓我想起一件事。大約二十年前，我曾經做過催眠治療，過程中看見我的前三世，有一世是國王，一世是王子，一世是革命分子。我在做另一齣戲的田野調查時，因緣際會認識一個通靈人，也讀了通靈人去幫忙看別人生病、婚姻出狀況、事業不順或前世等紀錄。在這個過程中，我得到一個很有趣的結論——大家的前世都被「加官晉爵」了。

資料（包含我自己的經驗）顯示，當某個人對你說你的前世時，多半會說你是某個時代的貴族、遙遠地方的公主、戰場上的將軍……諸如此類。他總是會把你的社會地位往上拉，說你曾經是個備受榮寵的人，需經歷過犯錯或代人受過之類（統稱為業力），你此刻所受的苦難都是一個相對性的結果。不管是你做錯了什麼讓你現在變成這樣，總有一天，你還是會回到那個榮耀的地方，讓你對此生苦難仍抱有一絲希望。

劇本裡的「希格瑪檔案」也有前世的部分，它告訴你，你此刻苦難的前因是什麼？前因可能就是你殺人如麻，比如你當國王的時候是紂王，因此現在會受這樣的報應。你為了要去償還你過去做錯的事，或者是過去和你有關係的人，譬如說你丈夫、你劈腿的男朋友，此生才會如此糾纏。它一定會在你的前世去找到一個關係，來對應這輩子你和他之間的關係。

「前世」把你推到社會階層較高的地方，另外就是「異國化」，總說你是新疆某一個的地方的公主、來自歐洲某個小國等等。這些與現實生活非常脫離的設定，其神祕感會讓你更相信——那是前世，不是此刻。就像我如果告訴你，你的前世是民國二十七年出生的一個國小老師，那聽起來絕對不如我有說你上輩子是某小國的公主來得更戲劇化、更讓人覺得被接受，你會很願意去認同那個層次的身分。

惠文：

如果這種前世還詮釋出一種「重複性」，它的說服力就更大。例如，他說你前三世、十八世，還有九十八世，一個是埃及公主，一個是新疆的什麼人物，但都有類似性。然後，這裡面串聯出的角色就是你現在冤親債主，比方某人在八十八世是你爸爸，他拋棄你，然後在十八世的時候他是你的未婚夫……變幻不同的角色，說服力就更強。

這真的好有趣！你讓我想起，我有個好友學習催眠時，也幫我做過。可是，你說你的社會位階會被提升，為什麼我那唯一的催眠經驗，前世是漢朝的婢女啊？還是那種家裡很窮、沒有辦法活，所以我要去應徵當宮女的婢女。我看到的畫面不是公主，是跟著很多剛進宮、十幾歲的小女生，大家互相幫忙梳辮子。然後我還看到一個鏡子，我記得那時催眠師問我，那個鏡子像什麼樣子，我整個人突然跳起來，沒辦法進入催眠，因為我發現那個鏡子是小時候阿嬤家的鏡子！然後催眠師告訴我，我看到的畫面中，那位幫我們通風報信、暗中教我們怎樣才能派到比較好的差事的慈祥老嬤嬤，就是我阿嬤……總之，我不是公主，我是不是有什麼問題（笑）？

但我那時候覺得滿療癒的，為什麼那讓我有療癒感呢？我覺得它還是有某種呼應吧，原來守護我的阿嬤從前世就在啊，那來世會再相遇之類的……喂！我突然入戲了，「希格瑪檔案」好吸引人，我也想入會，多少錢（笑）？

洛纓：

拍攝過程中，真的一直有人想入會（笑）。這個檔案必須迷人，才能突顯出它的兩面性，對吧？檔案一直都在啊，但本生老師在哪裡？人生中不會有太多機會能感覺到「被了解」，至少我自己對這部分是很悲觀的。

我們都渴望被了解，所以各種心理測驗的遊戲這麼盛行，有趣的是常常出現的答案都符合你的期待，然後帶著一種「好準好準」的滿足感，但總有一些自己覺察不到的部分，或者從來沒有意識過的角度吧，鄧醫師有沒有過這種體驗？

惠文：

我想到曾訪問過的一位整理師，她說，我們整理物品的時候有三個層次的問題，要問自己對這個物品是三個層次的哪一個？第一是「喜歡」，第二是「可是」，第三個是「不知道」。

如果你看到那個東西，覺得很喜歡，那就是要留著；或者這個東西有個「可是」，例如一雙好穿的鞋子，每次穿它卻都流血或破皮；第三個就是你「不知道」。這樣可以幫助釐清哪些東西要留、哪些要丟。

我那時說，那我就用這個方法來測驗一下，我正好在想要丟不丟的，是我女兒的「湯瑪士小火車海盜山組」，我不知道這算三種的哪一種。整理師毫不猶豫地說：「你沒有喜歡湯瑪士，我聽不到你喜愛湯瑪士的訊息。」我說，的確，我都五十歲了。「你也沒有『可是』，因為湯瑪士你根本用不著。」然後她說：「你丟不掉的不是湯瑪士，是女兒長大了，你的失落感。」她的話馬上讓我流眼淚了！

你說，這樣的回應，也不是特別深奧，但她帶給我深刻的震動，她懂我，「對，我的感覺被說出來了」，心中的糾結頓時鬆開，就因為素不相識的整理師對我講了這句話。一種解讀，如果能碰觸到在意的核心，就會讓人覺得像你說的「好準」。

洛纓：

對，我也曾經因為不肯丟掉女兒用的「最後一支奶瓶」，而和孩子的父親起了爭執。那時沒有想太多，就是想紀念。紀念什麼？對我的意義可能比對她本人的意義要大，應該就如你「湯瑪士小火車」一般的心情。如果讓本生老師來解讀這件事，他應該會說出一番直指內心、讓人涕泗縱橫的道理。也有可能本生老師會告訴你，關於你的檔案很多，這只是一部分，不能一次告訴你。他會告訴會員，用極為神祕的口吻說：你現在還不適合知道……

作為創作者，必然要建立起遊戲規則，我總是被問「希格瑪檔案」是什麼？是真的還是假的？一定有人認為，本生老師這種人，就是個江湖術士吧？他就是鬼扯蛋，或者是一個被「老師」耽誤的編劇，利用這種能力來謀取他個人的利益。因為他有屬於人的那個部分，他有欲望，對於錢、權力，或者是性，操控的欲望使他可以完整搬出一套說法。對於靈性成長比較了解的人，可能會提出更合理的說法。

我並不預設觀眾都會接受世界上真的有人會讀檔案這件事，比較潛在的目的是希望觀眾會去想：如果我們真的有一份自己的「希格瑪檔案」，它的內容是什麼？那或許會開啟一扇自我覺察的道路。

惠文：

我想補充一點，我們也必須讀到，如果一個人真的得到啟發，能夠過好人生，是不是也不需要繼續依賴幸福慈光動力會？就不一定要繼續在會裡做義工，對吧？所以，這種「老師」在給信徒「啟示」時，有時是他沒有能力給出可以澈底治癒的答案，有時是即使他看出真正能幫助信徒成長的答案，卻故意不給，並且選擇說那些暫時止痛、讓人上癮的話，因為他要繼續掌控這些人。也就是說，「老師」怎麼做，牽涉到「能力」和「意圖」兩個部分。

洛纓：

如果「希格瑪檔案」乘載了這樣的功能，我覺得應該來自於自己的「書寫」，而不是別人的「解讀」。事實上，我們每天的作為都在「寫」未來的「希格瑪檔案」。好吧！我們可以說「種什麼因，得什麼果」，但那些不可控的、沒來由的痛苦也需要一個解釋，這是更上一層次的追求，或者說尋找生命終極的意義。關於「我是誰」這件事，隨著每一天的變化，答案始終在流動吧！

07

信念充實了「我」，讓「我」有意義

對於自己將被遺忘、消失，恐懼萬分。
這就是靈性議題引起人們注意的時機。

洛纓：

會想寫這個題材，當然和身邊遭遇到的人有關，特別是「信念」這一點。我有很親近的朋友，年輕時加入政治運動，從一個大學生、研究生到中年人，始終相信他所屬的團體是個值得一生奉獻的組織，值得他每個月領著不像樣的薪水，連養家都有點困難，也要堅持下去。直到他發現組織的領導者言行不一，在握有政治籌碼後開始變樣，甚至可以把曾經並肩的同志打到對立面，趕盡殺絕。我相信在台灣民主發展的過程中，不乏這種「運動創傷」的例子。

我們時不時都會聽到類似的宗教詐騙案，或者類似多層次傳銷的詐騙，一開始的起心動念都是想擁有更好的未來，懷抱希望，相信明天會更好，因此投入某個老師所帶領的團體，但這真的可以讓人離苦得樂嗎？

惠文：

會進入某些團體，大部分還是有某種痛苦，但如果他真的沒有我們所謂的痛苦事件，他可能是缺乏「意義」，一種虛無。

缺乏意義，也是一種匱乏。舉個例子，來找我們做治療的人，有些是帶著可描述的痛苦來的，那是一個包袱、一個他想丟掉的東西。例如，「我的婚姻很糟」、「我的孩子不聽話」、「我的職場不順利」。可是也有很大一部分的人走進來，是說：「我沒有覺得哪裡有問題，但我想說，是不是和你談談，我可以……」

當我問：「可以怎麼樣？」他可能連那個「怎麼樣」都沒辦法描述。他不但沒有可描述的痛苦，也沒有可描述的目標，進來後，我們也不知道他想要什麼。我們只知道一件事——他想探索自己，在全然無知裡，探索自己的可能和因果。

我遇過一些人，出身富裕，從小在國外讀書，回國後進入父親安排的家族企業，隨意上上班。就算沒有很想做，也沒有人逼他做，更不覺得「不做會怎樣」，每天都沒有重心。他們有些喜歡名車，就養車；喜歡風雅，就開雅痞店；喜歡國外的環境，就在國外買屋。看似隨心所欲，但每天早上起來，就有一種說不出來的空虛。總之，從頭到尾都不知道要追求什麼，來心理治療，也不知道有什麼可以期望的。既不期待消除什麼，也不期待能創造什麼。

一般人眼中，這些人什麼都有，但其實他們什麼都沒有，簡直就是「沒有壓力的壓力」。或者說，他什麼都有，卻感覺不到。這些人可能就是幸福慈光動力會的另一群目標。他們會去追求形而上、靈性之類的問題，有時也是對現實事物的一種逃避。這讓我想起，像宋七力不是有很多高社經地位的追隨者嗎？他賣的是什麼東西？水嗎？還是什麼？

洛纓：

他先是賣自己的照片，照片上的他身後會發光。據說有他神蹟的書《宇宙光明體》當時售價高達兩萬元新台幣，最近在拍賣網站上都還可以賣到近五千元。

更有甚者，日本的奧姆真理教教主麻原彰晃的頭像做的一枚胸章，日幣兩百萬（約台幣四十六萬），其發展出來的周邊商品買都買不完，非常類似現在的「粉絲經濟」。麻原還聲稱自己和自己的物品都有靈性，連他的鬍鬚、血液、洗腳水都有標價，變成信徒靈命成長的累積點數。

在《我願意》裡，唯一「開發」出來的商品就是「啟靈石」，每種顏色都可以提升不同的靈性成長。這些啟靈石相對真實人生中被販賣的各種「寶物」，大概算是很公道的價錢了。鄧醫師認為，人們購買這些物品的動機，會不會因為商品的項目而有所不同？

惠文：

會吧！「老師」賣什麼，需要很精準的商業敏感度，知道什麼東西可以與他的形象互相烘托。

你剛剛講賣照片，我覺得我就不會想買照片，再怎麼樣都不會去買照片。

我也應該不會去買那個水。我一直想，在這種結構上，有什麼是我會買的？很努力地想我買過什麼，好像真的沒有買過什麼宣稱神奇力量的東西。最接近的大概是花精，有一陣子我對它的療效理論產生興趣，但那並不是強調教主個人的神力。洗腳水？我真的不會想買。

唯一類似的，我想到一位認識的人，在某種特殊信仰的團體中，他們會買石頭。不是寶石，是石頭。他們的「老師」會挑選有療效的石頭，也許也會對石頭做能量和磁場的操作，學員以高價購買那些石頭。這位朋友說，他們感覺得到那個磁場，絕對不是老師說這顆石頭二十萬就是二十萬，而是他們自己會去感觸石頭的確有能量，所以才會幾萬、幾十萬地買。

回到《我願意》劇中，我覺得不管本生要費慕淇拿出多少錢，買什麼東西，他都會拿出來，因為他背負著對長月的愧疚。很深的愧疚使他處在一個自虐、自我懲罰的心理狀態。本生彷彿給了他一個彌補的機會，讓他把無法付給長月的金錢心力投進來，像是一種贖罪。

洛纓：

這讓我想起中世紀的「贖罪券」，用來折抵你犯過的罪惡，錯得愈多，買得愈多。但我們喜歡一個明星偶像時，也會買他的自拍小卡、公仔、抱枕、寫真集；參與反核遊行時，我們會買貼紙、毛巾，表達一種支持。這算是在追求認同嗎？

惠文：

紀念品嗎？搜集這偶像、這理念的一小塊？

追根究柢，這還是出於一種匱乏感。我們共同缺乏什麼？只要是人，都缺乏「永生」。沒有一個人能逃脫得了匱乏感和無力感，這是生命的有限性。

沒事的時候，我們覺得這很正常，一般人不會因為「人終將一死」而跑去找治療師。我們慣於借助其他的慰藉，不去感受這種無力和匱乏。但是，當我們遭逢重大失落，例如親人死亡、分手、破產、疾病，不得不直面自己的無助和渺小時，對於自己將被遺忘、消失，恐懼萬分。這就是靈性議題引起人們注意的時機。

如果可以有更高層次的一種認知，或者一種解釋，我們就有超脫現實的希望，可以不被侷限在人類的有限性裡面。例如許多宗教說，人會死，但如果做對了某些事，死後會到天堂或極樂世界，我可以用另一種形式到彼岸，而不是消失。

不過，人們常把這些形而上的概念弄得很形而下，不管怎樣都還是落入凡俗的結構，以便滿足心理的需求。

比方說，很多人有過向祖先擲筊請示的經驗吧！遇到一些棘手事情時，會請長輩去請示阿祖、阿嬤等。有一回我發現某位長輩燒香時，對祖先說：「等一下要問你們的事情，和忠孝東路五段有關係，你們先去探查一下。半小時後，我再來請教。」然後我們就等著，等祖先去忠孝東路再回來。小朋友說：「阿祖不是用飛的嗎，要那麼久？」長輩說：「對喔，那改十分鐘好了。」

就在阿嬤要花時間去忠孝東路探查再回來的想像中，感覺阿嬤像是一個還在的人。為什麼祭拜祖先的儀式，充滿了彷彿祖先還在人間的細節呢？這些細節讓我們超越了活人和死者的鴻溝，好像我們沒有失去阿嬤，阿嬤沒有失去我們。所以，以後我也不會被你們失去，你們也不會被我失去。

因為無法超越死亡極限，我們發展出與祖先溝通的信仰，表面上看來，拜祖先和匱乏感無關，功成名就、代代富貴、妻賢子孝的人都可能拜祖先，哪裡是因為匱乏？其實是的，因為沒有永生，沒有辦法掌握失落與分離，所以我們需要寄託於一些靈的信念。

另外，還有一個是「知」的匱乏——如果我們把「知」當作一個欲望的話。有些精神分析學家認為，性欲不是人類追求的最極致的東西，「知」才是我們最本能的追求。

小孩都想知道「我是怎麼來的」，他可能不是好奇爸爸把什麼放在媽媽的身體裡面，就算念那種科普書給他聽，他們也不會滿意。他們可能更喜歡某種詩意的解釋，例如「因為媽媽很喜歡你，想與你生活在一起」之類的答案。直到長大成人，對於不可抗力的事情，或所謂的命運，我們都還是想知道，有沒有什麼奧妙的力量和規則在我們不知之處運作著。「知」，也是超越有限性的機會。

而你，信仰什麼嗎？

第 3 部

是成長獨立？還是永遠依賴？

我自己是個很不喜歡團體活動的人，從救國團和魯啦啦開始，絕對不參加任何團康之類的集體休閒活動，可能因為這種脾性，導致我必須從事編劇、導演這類可以獨自幹活的工作。並不是我不需要友伴，只是成群結黨不免感到累贅包袱，所以發展出許多條獨立的朋友線，一年甚至數年見一次面，就足以維繫感情。

而有時我也會想，如果是受傷的時刻呢？需不需要有人傾聽，有人陪伴，有人安慰？失戀後約三五好友去唱歌、喝酒、購物發洩苦悶？我相信每個人對於療癒都會找到適合自己的方法，當然，也可能借助團體的力量。

但，再往深處去呢？

在故事裡，以本生為中心的這個團體，運作著一種「集體動力」，集體動力運作起來，就像強大的引力，可以吸納個人的意志，無可抵擋。當凱莉帶自己的孩子來到這裡，集體要對這男孩做什麼事，即使是打死他，連母親也袖手旁觀，甚至還融入其中。這情節大概不算太稀有，古今中外，我們都看過類似事件的報導。

這也讓我進一步思考集體關係的深層和過程，在團體當中，「我」是誰？「我」如果不必自己消化吸收那些痛苦和不堪，又會走向什麼樣的結果？

然而，我也相信，如果可以接納自己、接納發生的事，並且不要急著把痛苦甩掉，思索痛苦帶來的意義，從中學習到什麼，好像受這個苦會比較值得。

——洛纓

08

我該到哪裡尋找遮蔽？

療癒而成長，麻醉而依賴，兩者之間其實是不斷流動的……

躲藏在這幻象中，永遠離不開，康復並沒有發生。

這該算是唯一的活路，還是死路呢？

洛纓：

《我願意》故事裡有個吸引人的組織，「幸福慈光動力會」，在城市裡有座租來的會館，是日常聚會、分享、上課的地方，當然也是他們新人加入的第一線。先進來的學員都叫做「師兄姐」，伴隨著舒適的環境、柔和的燈光、飄著綠葉的香草茶、小點心，他們會鼓勵、傾聽與陪伴新來者，讓他們在這裡感受到日常生活裡難得的氣氛，是個謐靜又安全的空間。

對比譚嘉美的家，一個快要都更的破舊房舍，二個小孩吵吵鬧鬧，電視有一搭沒一搭地開著，做不完的加工品和為生活奔波又沒有任何交流的丈夫，可以清楚地看見這兩個空間強烈的不同。

再看看另外一個居處，費慕淇的家。視野遼闊，從裝潢到擺飾都透露出高級品味，這樣一幢座落在山頂的豪宅，夫復何求？但這麼大的房子裡除了費慕淇以外，沒有第二個人，沒有一絲煙火氣，連寵物都沒有，所有的顏色都透著孤寂。對比在動力會一起打枕頭仗的舒爽，人的溫度天差地別。

我自己從青春期開始就經常一個人，一個人去上學、去補習、去學鋼琴……不管在哪個階段，回看整個人生，總是和群體或手足保持距離，不想和做他們一樣的事，從外表開始就想與別人不一樣。也才漸漸意識到，每個人心裡都有一座玻璃屋，不管裡面放些什麼，只有自己知道。無論如何，似乎都需要一個無堅不摧的外殼。

作為一個佛教徒，我也曾經去道場聽經、參加法會，最多就是一個晚上或一個週末。但這些在群體之中的活動，可能都比不上閱讀、抄經或看一場電影帶給我的滿足。在寫劇本時，我試著把這些個人與團體的關係，透過不同的角色呈現出來。也想請問鄧醫師，人究竟想透過參與這些團體得到什麼？

惠文：

這一類的團體或組織，通常會先對目標對象說：「不管你是誰，都一樣是人。」不同於外面的世界，這些組織給人一種不分貴賤、不論出身的感覺。

偶像明星和家庭主婦、為人師表或莽夫盜賊，在這裡起點平等，進入之後，將要依循團體的價值體系和法則，重新努力（例如服務、修練、奉獻等），取得自己在團體中的定位，這是支持性團體常見的結構。

然而，如果這個組織有發展壯大的目標，光是「眾生平等」的概念，並不足以支持它的運作。組織會塑造一個被高拱的領導者，透過個人魅力的經營，所謂上師或大師，可以藉由肯定、關注、任命等作為，深深吸引追隨者。追隨者依附的開端，幾乎都是被這名上師「看出」自己的特別之處，缺憾被接納，受苦被心疼，能力被信任。如果同時運作忽略、鄙棄、懲罰等作為，更能恩威並施的控制、操弄追隨者。

有些團體自稱提供心靈療癒或心理治療，我認為這是需要釐清的。專業的心理治療師，不僅被訓練為熟知心理歷程，也需要具備倫理的素養。他們的職責是協助使用者了解自我的心理歷程與奧祕，發展自主的力量，而不是根據對方的心理需求，直接給予安慰性質的滿足，讓自己變成對方依賴或崇拜的對象。

例如，一個心理治療師，不該輕易對一位得不到關注的少女（如蓮心）說「我認為你很有吸引力」。我們在之前的章節討論過，這樣的說法能快速滿足需求，但它就像止痛或麻醉一樣，服用的人本身並沒有成長，只是暫時無痛或愉悅，漸漸成癮般地離不開這個假世界。

請容我權宜地稱呼這種組織為「閉鎖式的庇護團體」（相對於積極培力的成長式庇護團體），它們未必不好，許多人需要這樣的過渡。洛纓問，人們想在這些團體得到什麼？我聽過的，多半是「你可以做自己」、「跳脫俗世的競爭」、「這裡都是好人」等等，意指這裡可以休息，有人幫你思考，甚至還有人管理你的身心健康。

洛纓：聽起來滿理想的啊（笑）！

我認識的諮商小團體，不管有沒有證照，都有點類似。而我自己面對過很多不同的諮商心理師，最長做了四年完整的諮商，與心理師建立了滿正向、有建設性的關係，也因此獲得不少心理學的知識。我不會說「諮商」這個方式把我治好了，但在與心理師互動的過程中，至少讓我學會同理他人真正的需求，或者遇到這樣的求助，我可以做些什麼。

近年來也看到愈來愈多人尋求或提供類似的方式，這個方法有可能治癒或緩解內在的空虛感嗎？

惠文：

我認為心理諮商的目標不是提供替代性的滿足，因此，與其說透過諮商緩解內心的空虛感，不如說是透過諮商正視內心的空虛感，澈底認識產生空虛感的自我，因而決定要過什麼樣的人生。

不過，心理治療包括各種類別，各種流派的理論基礎差異不小。共通的基礎，是當一個人因為困擾尋求心理治療，治療師應該幫助他看到自己的需求與問題；不僅看到，還要漸漸能夠「看得住」。所謂看得住，就是不把目光移開，能承受直視問題原貌的痛楚。

以劇中的蓮心為例，心理治療師必須和蓮心一起面對她的孤獨，包括她的外貌、個性為她帶來了什麼困擾，她習慣用什麼方式因應這些不想要的感覺，而她慣用的方式，是否造成更多的苦惱等等。經過漫長的過程，也許她將接受本來的狀況，也許她會啟動改變。總之，認領並擁有她的人生，這是從空虛轉為豐盛的契機。

洛纓：

顯然學校的輔導室或輔導老師沒有把蓮心接住，反觀我心目中的本生老師還滿會「因材施教」，他很有手腕，因應著每一個人，展現出不同的面向。

蓮心的父母親長期在外經商，她的家裡空蕩蕩，她的「家人」只有一隻寵物兔，但她手上金融卡裡的錢隨便她花用，她會買當紅偶像的周邊商品來送給同學，這當然有「取悅」的成分，甚至是友誼的對價關係。但她臉上的胎記，或者不知如何與人相處的性格，依然讓她在學校遭受排擠、霸凌，也得不到暗戀對象的回應。她被激怒後的反應讓人感受到她有多痛苦，就像個快溺水的人，這時候，她被介紹進入幸福慈光動力會，還遇見自己的偶像，似乎是唯一的活路了。

惠文：

當蓮心來到幸福慈光動力會，本生不但接納、肯定她，說她與天使有連結，還提供她戀人一般的對待，補償了青春愛戀不被回應的落寞。

如果只是很短的過渡期，並且不牽涉到性關係，一個喘息空間，似乎無可厚非。但若長期只有這種「替代性滿足」，個人的成長是很難發生的。

以個體成長為目標的心理治療，可以這樣比喻：個案因飢餓前來，但治療並不是直接提供食物的地方，而是協助處理飢餓的問題。飢餓的原因是攝入太少？還是消耗過多？為什麼會這樣呢？可以用什麼方法找到食物？

閉鎖式的庇護團體則是提供一種滿足或希望，例如，在學校沒有朋友，在這裡不費吹灰之力，大家都是你的朋友。這是替代的滿足。當蓮心在現實中飢餓，團體給她食物，但只要走出這裡，所有問題都還在外面，沒有解決。相形之下，她愈來愈受不了外面的世界，恨不得永遠躲在這裡，如此就形成了依賴、成癮和逃避。

對於溺水而呼吸窘迫的人，總不能在此時教他游泳，而是要先拉上岸、給予氧氣吧！療癒而成長，麻醉而依賴，兩者之間其實是不斷流動的。有些時候，我們需要先止痛，暫時依靠別人，才能不被摧毀，這是獨立與成長的基礎。

「成長」與「退行」（regression）的差異，在於最後是否要面對自身和現實的真相。如果只是提供一個理想莊園，與外界斷裂，失意的人並不會在這裡得到適應世界的能力，而是躲藏在這幻象中，永遠離不開，康復並沒有發生。這該算是唯一的活路，還是死路呢？

洛纓：

人會把活路走成死路，或者原地繞圈圈而不自知。關於本生和動力會，有很多經驗就是來自於自己。

我從十八歲開始進入戲劇系，到成為一名資深編劇，這麼多年來加起來，作為上班族的時間不到兩年。對於近乎公式化的生活，或者具有中心軸的工作極度不適應。

開始寫影像劇本前，大部分時間我是劇場裡的導演和課堂上的老師，也就是以「自我」為中心的工作，不管在劇場或學校，要面對的都是比自己更年輕的群體，我的身分無可避免地成為被依附的對象。當學生們面對棘手的狀況時，我試著重新去定義問題，給予更多正面的肯定，像灌迷湯一樣告訴他們明天還是充滿希望，只是為了讓他們在當下好過一點。

後來，我除了是學生眼中的導演老師，他們還會說我是像「仙姑」一樣的存在。我好像非常了解他們，透過什麼神祕的力量，可以很直覺地知道他們在想什麼、此刻需要什麼。事實上，我沒有什麼超能力，我只是盡可能地去感受同理他們的處境，或者更直白地說，我「愛」他們，因此我更能體會他們的困境。

可想而知，這個結果會讓人形成強烈的依附關係，我必須扮演多種角色。當他們渴求知識時，我是老師；當他們遇到困難，我是姐姐。當他們犯錯時，我又必須成為一個包容原諒的母親。

到後來，我承受不了那種依附關係，我只是個普通人，連自己都想去依附一棵神木了，我必須在自己與他們之間設下一條界線。我也不想習慣於「被依附」，那是另外一個更大的陷阱。當然，這些經歷也影響到我寫本生老師與會員們的關係。

雖然不是那麼有意識，後來自己重新再回顧，察覺到我和編劇們的工作室時期，比較像想要建構一個烏托邦的世界。大家都很安心地待在這邊，有飯吃、可以開心地寫劇本、討論、交朋友，甚至戀愛，我一個人轉身出去與這個世界打仗，但沒關係，我會拖一頭熊回來讓大家吃。

這不像一個公司，更接近社團、黑幫之類。我想在沒有私心利用你成就我個人利益的情況下，達到一種互相幫助、彼此依附的關係，但這的確過度理想化，關係始終在變動，尤其在更社會化的環境裡，現實問題讓這樣的關係變得複雜。烏托邦裡的人有時也會背離依附，想到外面體驗和熊生死搏鬥的感受，試探自己能否承受現實的世界。

有趣的一點，在這過程中，我依然感到孤寂。那種與生俱來站在一個圈圈外面的隔閡感還在，但我已經不在乎了。

或許是教養了自己的孩子，累積了更多經驗。現在的我面對遇上困境或對人生有困惑、因此來找我的年輕人，我變得安靜了。大多時候，我都在聽他們說話，不太會直接給予他們什麼意見。也許幫忙他們把問題整理清楚，或者引導他去看此刻的情緒，釐清那令他痛苦的、令他哭泣的究竟是什麼。好像按下一個暫停鍵，我們不急著回答這些問題，有情緒就發洩，想哭也可以，反正，我就在這邊。我還滿喜歡自己現在的做法。

惠文：

我想你說出了所謂「助人者」最重要的一點。無論是因同情或俠情，想照顧、想幫忙的動力，是良善而美好的，但在協助關係中，無可避免地會擾動人心原始的情感，把協助者理想化。人們透過理想化，期待依賴一個完人，也控制這個完人為己所用。這樣的關係封閉而脫離現實，雙方都可能被吞噬。

因此，「界線」和「節制」，是心理治療倫理與技術上最重要也最難的部分。或許可以這麼說——幫一個人長出力量，比自己出手搭救，要困難得多。幫忙一個人尋找力量的過程，要分擔無望感，要耗費自己的時間，一起在黑暗中摸索，常常還要被質疑或成為出氣筒。而自己出手搭救，不但快速、有成就感，還可以獲得對方的感激與仰慕。治療者的自我節制，算是一門修行。

洛纓：

我要在自己的小本本上，好好記下這句話：「治療者的自我節制，算是一門修行」。

09

為什麼閉鎖式的庇護團體如此吸引人？

當我貢獻了我的痛苦，貢獻出我不堪的過往，某種程度上，我可能會交換到「同是天涯淪落人」的相親相愛嗎？

洛纓：

每個團體都需要比較積極的人作為推動力，故事裡的師姐凱莉不只是本生老師的左右手，她有多重身分，是輔導老師，是母親，是師姐，更是幸福慈光動力會的執行長。她是最親近「老師」的人，從第一場戲第一個鏡頭開始，她就在本生老師身邊。她對本生的姿態始終是仰望、心無邪念、無條件相信，甚至到發生事故後，她還要為老師辯解：「他沒有對我做過不禮貌的事。」不肯接受本生的另外一面。

作為那個最接近「神」的人，她似乎也從老師的手上接過了權柄；面對會員，她始終懷抱熱情和關心，這其中也包含控制的成分，讓會員們同時也仰望著凱莉師姐。

惠文：

呼應前面所說，人們「願意」在幸福慈光動力會奉獻，是出於對真實生活的某種「不願意」。凱莉生活中的困難，是她覺得自己不被需要——不被丈夫需要，也不被兒子需要，唯一順著她的女兒，卻不太受她重視。

隱藏在強勢面貌下，凱莉被生命中的男人拋棄的痛苦，本生讀到了——「你不被需要，你很想付出，可是沒有人要你的付出。你做的蛋糕沒有人要吃，你的教誨沒有人要聽，你的愛沒有人在乎……」而對應凱莉的需求，本生給她立即的滿足——「這裡有好多人需要你，你來當執行長，你可以做很多、付出很多，你可以買最多的石頭……」凱莉得以演出自己夢想的角色，她「被需要」了。因此她「願意」在這裡，逃開「不願意」的生活窘境。

洛纓：

凱莉會解釋老師的話，甚至是「超譯」，也可以看出她有很多行為是在模仿本生。這種「老師的小老師」與其他會員的關係很有趣，凱莉能打點上下，會安撫新進學員，實際上讓會務能進行的人是她，顯然，凱莉在這當中獲得滿足，她被崇敬著，也能橫向連結會員彼此之間緊密的關係。

凱莉是不是從本生老師那裡獲得了指點會員的權力？權力似乎讓她不再純粹只是一個母親或輔導老師，更內在的，她其實想要被賜予話語權，她不敢主張她自己，這個掌控自我的聲音還是依附在男性身上，可能是原生家庭的父親，而後是丈夫，現在更是來自一個超越這些世俗身分的教主。

惠文：

她不僅「被需要」，還享受付出時的地位和權力。凱莉看起來充滿愛心、無私奉獻，但這是基於她被定位為執行長（白話來說，即高階學姐）的身分，她生活中不想承認的挫敗，都在此獲得了補償。在動力會，她感覺自己很模範、受肯定，她沉浸其中。

洛纓：

凱莉像是好學生，會要求自己要有完美的表現，那兩個寫著「一百分的老師」、「一百分的媽媽」的馬克杯就是最直接的象徵。這不是劇本上寫的，是我們美術設計讀完劇本後的呈現，顯然凱莉的「企圖心」很明顯。當然，作為信徒，也要是個百分百的信徒。如果沒有辦法完成那個美好的自己、沒有被接受，她心裡一定很受挫吧？

惠文：

所以，凱莉在動力會可以得到至少三方面的滿足。

一是「被需要」。縱然是做義工，但被需要的感覺，可以對抗不被家人需要的落寞。

二是「權力」，執行長掌管會務的權力，可以對抗她在婚姻、家庭的種種無能為力感。

還有第三，是控制的需求。「必須完美」，其實是強烈的控制需求。不論她是否能控制別人，至少在動力會，她得到一種可以控制負面情緒的感覺。

洛纓：

她想要能控制一切，否則她沒有安全感；當她愈沒有安全感，就愈想牢牢抓住。這變成一種循環，她的輔導室和她的家，都是她布置出來、屬於她的風格。在家中有一幅母子三個人的畫像，一般人放合照已經不錯了，她放的是特別去訂製的大幅油畫肖像。我真的好喜歡美術設計思考的細膩。凱莉透過這種方式，去確認這個家庭裡的情感關係，並沒有因為離開的父親而崩裂。

惠文：

畫像這一點很微妙。畫像與照相不同的地方，是被畫的人需要坐在那裡不動很久。在畫肖像的過程中，她的兒女必須被她凍結在一個看起來很理想的對應姿勢，而這個畫像又永久地凝結了這個姿勢。

在文化心理上，油畫肖像從歐洲古典時期開始就是貴族的活動，一直到二十世紀，演變成一種階級貴氣的象徵。有錢的企業家，或者想表達自己富有貴氣的人，找油畫家畫出肖像，這是一種自我整全感，一種尊榮，一種「我與一般人不一樣」的風格品味。這讓我們在解讀本劇時，得到一些文本之外的訊息。

洛纓：

在團體對個人造成的吸引力，劇中我還想談「關係」，那些因為「關係」造成的創傷，或是「關係」導致的失落。你所期待、渴望的親密關係，在夫妻或親子當中沒有辦法得到，卻在「老師」那邊得到了。

本生每次的開示，都讓會員們得到心心相印的感覺。「他講的每一句話都好打中我的心，好準確。」的確，有些人入教的心情就是這麼直接。究竟這樣子的親密關係，它能彌補什麼？或說它是一個「代償」？它究竟完整了人的什麼，以至於形成「讓人們願意一直付出」的狀態，甚至成癮？

當你的身體、你的心情、你的時間、你的情感等一切都願意拿出來交換，就為了那種親密的感覺，這與每天看星座運勢穿衣服應該有滿大的差別吧？

惠文：

每天看星座運勢，是人們因應不確定感的一種方式，是一種非宗教性的迷信（non-religious superstition）。有人會以「今天能不能一口氣做到五十個伏地挺身」來預測這次考試能不能過關。有些文化裡，一出門看見某些鳥橫斷飛過自己的前方，會認為今天打獵不祥。

關聯性或因果性，是人類每天乃至時時刻刻都在進行的心理活動。出門前看星座，「因為會帶來好運，所以先穿紅色」，因為「要得到考試過關，我得付出一口氣五十個伏地挺身」，因為「鳥飛得高看得遠，先前就橫斷我的去路，告訴我不對」。從這點來看，當一個能夠理解我的「老師」要我做任何事，那就是關聯，是因果，是要全心遵從的。也就是說，透過深層理解（即使只是一種感覺）所建立的關係的確非常親密，讓人不能，也不願背棄。

洛纓：

團體裡的關係，還有一個部分讓我覺得很有趣，就是成員中常常有大家哭成一團的狀況。他們願意在彼此面前展露出脆弱，這是在日常生活當中不會發生的事。也就是說，我們在日常生活中這麼不願意去展現我們是脆弱的，可一旦進入那個團體之後，每一個人都變得好脆弱，每一個人都好願意把自己的過去掏出來與大家分享，這是為什麼呢？是因為那裡有種給予、鼓勵嗎？或者是說，當我貢獻了我的痛苦，貢獻出我不堪的過往，某種程度上，我可能會交換到「同是天涯淪落人」的相親相愛嗎？

有些人可能本來沒有那麼脆弱，可是在那種情境，就會生出一種「我一定也有什麼事必須對大家告解」的心情。當你聽到別人的祕密，好像也沒辦法不跟著一起吐露，有時候把祕密說出來，其實是滿暢快的。「教主」往往會營造、渲染出那種氣氛。在那些時刻展現出來的人性脆弱，其實正是這個操弄者所需要的材料。

我們甚至可以說，他一直在導演這樣的過程，每一次導演這一齣讓你崩潰、撤掉心理防線的戲碼，他才能讓你感受到你是因為他而重整，你擁有重生的感受。但其實你就是一次一次地在崩潰中去除自我，好讓他反覆地定義你。

惠文：

這種團體一開始就有個設定，透過儀式、話語、空間和集體行動營造一種氛圍——「這裡不一樣，和外面那種粗暴而容易挫傷的世界不一樣。」而放下偽裝、展露脆弱、宣洩情緒、彼此坦誠相見，是入會的宣誓。大家都看到你深藏的內心了！我們變親近了。不過，這也是一種有力的約束，因為個人的祕密被看見，日後被控制的也很常見。

其實，每個人都應該有對外的社會人格以及深藏內心的陰影，好比去別人家作客，不管吃到多糟的菜餚，也要微笑著表達「謝謝您豐盛的招待」，這是一個社會人該有的能力。像費慕淇，不管他的內心多麼厭倦表演，上了台還是要表現對自己作品的熱情、對粉絲的在意。能夠管理情緒和行為，包含哪些想法只能放在私密的心裡，哪些舉止符合自己的角色身分，哪些需求可以示人等等。這也是健康的心理功能，不能只被理解為虛假面具。

許多集體的心理改造活動，都會在開始時進行「心理卸妝」或「放下防衛」的活動，要參與者關閉上述社會功能，表現出平常不允許的強烈情緒、黑暗想法、本能需求等「脆弱」面。他們說那是「感性」，那才是真實的。原本帶有合宜與否判斷的，是「理性」，理性被貶低為算計與壓抑，感性表露才被認為是有價值的。

事實上，這種近似集體催眠所激發的，未必是個人的真實體驗，而是受到暗示的。不加調節的宣洩，反而會讓人心理「退行」。

當一個人的自我管理不斷被否定，一直被要求釋放脆弱和負面的「內在」，他的心理功能就會退轉到發展前期，如同嬰幼兒般的狀態，被片面想法和情緒宰制，無法調節統整。持續如此，將逐漸陷入自我懷疑、判斷力瓦解，之後就會接受原本不一定會接受的觀念。

10

當團體裡沒有鏡子，只有「他願意」

這後面還有另一個問題——集體的歇斯底里，為什麼所有人都跟著打？沒有一個有理性了嗎？

洛纓：

故事中哪一段情節，讓鄧醫師覺得最受衝擊？

惠文：

紀新被打到奄奄一息的那一段，讓我深受震撼。我想很多人都看過類似事件的報導（如十年前日月明功的案例），但劇中一步步呈現這樣一個母親如何導致悲劇時，還是讓人感到難以置信的訝異與心痛。

「愛是原動力、愛是吸引力、愛是我和你。」整句話喊得都對，問題是「你知不知道愛是什麼」。那個母親當然愛她的孩子，但悲劇發生的關鍵就在於——我非常愛我（本來）的兒子，但這個（不照我意思的）男孩，不可能是我的兒子。大家棒打的，不算是我兒子，而是附在我兒子身上的魔。打吧！打死那惡魔，就可以換回我真正的兒子。

這一點，讓我感到非常悲傷。

洛纓：

在日月明功的案例中，一開始主事者的確是集合了一群在婚姻關係上失衡的婦女，他們有類似的遭遇，對彼此的無奈和無力感同身受。而在《我願意》裡，當孩子一進入青春期，親子關係就開始受到考驗，如果再混合失婚的因素，狀況就會更複雜。

惠文：

劇本中，孩子脫離媽媽管束這件事，反映在孩子選擇同爸爸住。這對凱莉而言，是難以忍受的背叛。首先，她恨那個拋棄她的男人，而她本來親愛的兒子，卻在成為一個男人的過程中，認同了他的父親，即那個否定她的男人。這不只是與前夫爭奪同孩子住的權利，而是爭奪「誰在孩子心目中是對的」。

兒子認同父親，甚至同情父親，認為母親真的是一個讓男人受不了的女人，這對於凱莉無疑是二度背叛，甚至羞辱。我覺得這也解釋了凱莉需要本生的原因，在現實中澈底挫敗的時候，本生彷彿是她精神上的配偶，一個強大的男性。

洛纓：「精神上的配偶」這個說法真的太準確，鄧醫師說出我不敢說的話了。凱莉在本生老師面前表現得這麼謙卑服從，像被馴化過。本生老師也會對凱莉疾言厲色，痛罵凱莉的內心小劇場，接著又安撫她，肯定她，給她「正面力量」……凱莉對這一套完全買單。

惠文：凱莉可以替本生傳話，雖然她的定位是執行長，但其實有教母一般的身分。在這種設定下，當現任（精神上的）丈夫對她說：「把被你前夫搶走的兒子帶來我這裡，我會把他變成一個對的男人。」凱莉無法拒絕，或者說，她也期待本生幫她奪回兒子。

凱莉藉由一個更強大的男人來改造自己的兒子，這是不是一種潛意識的報復呢？期待本生打掉前夫在他兒子身上的影響？她恨兒子不聽她的管束，認為兒子變壞、說謊……這些讓她不斷重歷前夫給她的傷害。據說許多母親對孩子失望時，常會罵一句「愈來愈像你老爸」。

對此，我想到的是「被附身的兒子」，兒子到底被什麼附身？邪靈嗎？我覺得凱莉內心深處，根本認為不受控的兒子是被前夫附身的。甚至，她也可能不接受前夫不愛她的事實，而認為前夫也被附身了——被鬼、被狐狸精所附（移情別戀的男人都是被狐狸精迷惑，這種自我安慰是不是很常見？）。所以，本生帶領動力會的一票人實現了凱莉潛意識的期望，從一開始，他們要從紀新身上驅走的就是「父親」的部分，這麼驅趕下去，連帶也要驅走把這父親變壞的狐狸精。一魔背後還有一魔，那得有多少棍棒打在兒子身上才夠？

故事的最後，兒子的父親（凱莉的前夫）激動地喊：「為什麼死的不是你，而是我兒子？」我想他絕對有理由忿恨，不只是因為兒子死了，更因為你這不面對真相的女人，竟然把我兒子帶去讓你後來的男人殺了。

洛纓：

當兒子在被淨化儀式毆打的時候，凱莉在想什麼？她絕對不是為了把兒子弄死才帶他去，相反的，是在「我是為你好」的動機下，兒子才被帶到本生面前。

惠文：

我傾向認為，本生並不是算準了「凱莉現在很想打死兒子，所以我就來打死他」。他沒有必要打死這個孩子，我覺得在故事中，洛纓安排明曜對本生講的話很有說服力：「你真的以為你是神嗎？沒辦法面對自己的人是你！否則你就不用帶上什麼本生老師的面具。」「因為你嫉妒他，她媽媽為他擔心，為他哭，這些母愛你都沒有過。」其實，本生陷入一種深沉、無法辨識、無法覺察的嫉妒，因為他從來沒有這樣被一個母親擔心過。

這後面還有另一個問題——集體的歇斯底里，為什麼所有人都跟著打？沒有一個有理性了嗎？

本來是兒子要跑了。對於失去，凱莉無能為力。當問題被重新述說，變成「不是兒子跑了，是有東西侵入並取代了兒子」，人沒有辦法操作「無」，卻可以對「有」做點什麼。當問題具有實體，好比有個邪靈，人們可以聚焦，可以對這個問題點施力，例如驅逐邪靈。從「無能為力」到「有攻擊的焦點」，這是文明前人類對於疾病、災難常見的理解與處理方式，這也是紀新遭遇的整起悲劇、集體失序的心理離形。

洛纓：

當本生對某個會員特別對待時，就會進行「淨化儀式」，透過辱罵、拳打腳踢崩毀一個人的自尊，讓他皮肉受苦、精神被轟炸，整個人像顆骰子，在骰盅裡被猛力搖晃一百下。「澈底的破壞就是建設」，這個人會有「罪惡感得以釋放」的錯覺，進而感受到自己的重生。

我相信動力會裡的研習師有不少人都參與過，有時他們協助淨化，有時他們被淨化。這種儀式感很強的課程，是不是更像一種扮演？「我是為你好」、「我是為了讓你感到靈魂的歡快」，於是就集體高潮了。這像不像施虐者與受虐者的關係？我特別對其中的暴力成分感到好奇。

惠文：

對於這種暴力，我試著用我的理解回應。

集體心理上，人類學有「通過儀式」的概念，不管是東西方宗教，或各種文化裡的民俗，都有類似的結構。比方東西方宗教裡，自我鞭笞、睡針床、穿釘鞋（釘子長在上面的），或者斷食，甚至縮進狹小的神龕裡，進入一種非常的狀態。也有各類文化是要經受一些考驗，小到一口咬斷一塊生豬肉，大到搏命去獵一頭山豬回來等等，都是一種「通過儀式」。

這樣的儀式免不了暴力，也免不了受苦，「造次必於是，顛沛必於是」大概就是這樣的意思。如果存活下來，就等同走過天堂路，成為被認證的倖存者。你勝利了，成為天選。過程中，可能自尊被磨損，階級被拔除，精神被轟炸，但這些都是小事，只要通過，便淨化、升級了。

這是「天將降大任……餓其體膚，空乏其身」的版本之一，應該永遠不會消失。生而為人，一定有達不到的事，自己滿足不了欲望，需要借助集體的力量，才能催動超越一己的極限。人類的身心，從肌肉鍛鍊到心理韌性，有許多現象都展現著這般「受害、毀身、成長」的過程。

洛纓：

軍隊裡會這樣說：「合理的要求叫訓練，不合理的要求叫磨練。」被嚴格要求過的肉身，彷彿更容易加入集體。挑戰身體極限或靈魂耐受度，成為薛西弗斯，在無盡的反覆中，慢慢相信自己只會推石頭，除此之外，一無所有。

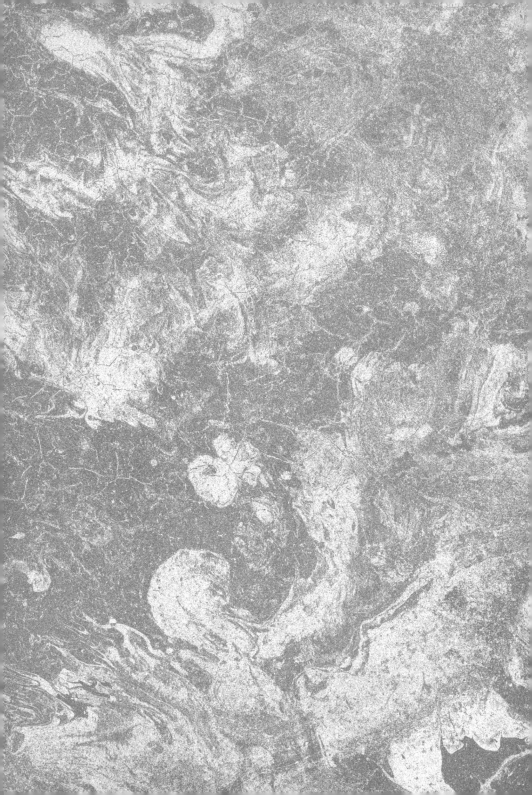

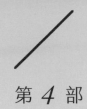

第4部

尊重他人的掙扎，不輕易說「我願意」

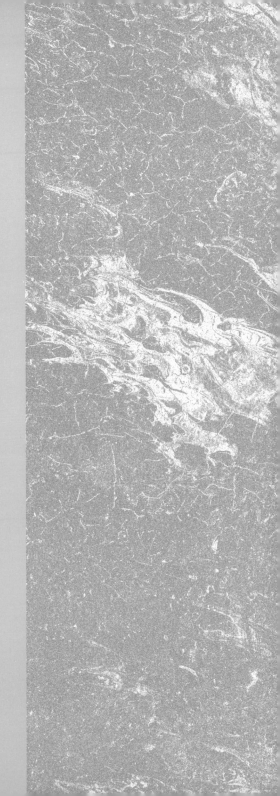

許多人剛開始尋求心理療癒時，問的多半是：「我先生為什麼會這樣？」「我兒子在想什麼？」「為什麼這麼不公平？」乍聽之下，都是來問「別人」的。

只想著別人如何，不會解決問題，但不經歷這個過程，又無法把問題引回自己身上。

無論如何，必要對自己好奇，心理探索才會真正開始。

這過程需要很長的時間。有人從釐清因果開始，有人從尋找事件關聯開始，由近而遠或由遠而近的思考都有，撞到不想面對的心結時，也許要先繞過，準備好時再回來，看能否解開一點，然後又繞開，再回來……如此一次一次地往復，不但要清理，還要找出意義。找到意義，心就能夠安頓。

人都有自我安頓的需求，但每個人要走的路徑極不相同。我覺得作為一個陪伴和協助者，最重要的是能尊重，謹記那是屬於個人的旅程。

不論是否理解對方的做法，都要尊敬這個人對於安頓身心的努力、挫折，以及掙扎。

如果在陪伴中反客為主，強加批判，剝奪個體的自主能力，反倒會變成康復之路的障礙了。

——惠文

11 幸福哪有這麼容易？每個人都有他的習氣

在親密關係中受傷的人，如何走出失意？如何自我安頓？

惠文：

我們在前面的討論中看見，凱莉渴望「被需要」、「權力」和「控制」。她想把孩子恢復為她理想中的孩子，我認為，她真正想恢復的是她的自我意象（self image）——一個「好」的、被愛的女性，一個「對」的、被需要的母親。

這些似乎曾經完好的自我意象，在離婚、孩子漸漸獨立的過程中被損壞了，她急迫地想回復。因此，其他人粗暴地「矯治」紀新時，她在猶疑中還是允許了。她當然也覺得痛苦，可是她有一個更大的期待、更大的必須——必須恢復她理想中的好孩子，她才可以恢復成一個好的、成功的媽媽。

凱莉需要讓混亂的一切回到掌控，最後卻釀成慘劇。整個過程，出於急迫的控制需求，結果卻是最大的失控。她比任何人更想做到周全，做一個完美母親，結果卻比任何一個不經心的母親還要失控——把兒子帶去一個地方，授權讓他被弄死，還從頭到尾旁觀？不了解的人，很容易質疑這個人不是母親，或這事不可能發生。

「要做一百分媽媽」，如此強大的控制需求狂飆到極致時，產生了完全反面的結果。

心理學家榮格（Carl Gustav Jung）指出，「任何一種心智意象都有它的反面」，物極必反，相反的兩極往往是同時存在的。勇往直前的時候，必定同時懷有恐懼，這是為了不被危險吞噬。專注於一個目標時，若不能覺察對立面的存在，就容易走火入魔。拚命追求控制，結局就是失控。

人們來到幸福慈光動力會，想要變得幸福，可是他們內心對於幸福的想像，只是「我」和「不」字的堆疊——我不要無用、我不要孤獨、我不要自卑感、我不要罪惡感……幸福是什麼？就是不要現在這樣的我！

只有否定的程式，可能製造出成品嗎？

預設著生活應該如何，事與願違時，只想用力再更用力，把它扳成預設的樣子；不成，就壓抑自我，逆來順受。這兩個極端，都不會是幸福出現的地方。

我想，凱莉一開始也有熱衷經營婚姻的時期，但親密關係不是一個人的事，需要的不是自己用力，而是能夠隨時接收雙方的訊息，建立互相搭配的運作。老認為自己絕對正確的人，難與他人磨合，當對方有不同的想法和需求，就覺得自己被否定了，而當自我陷入正確保衛戰時，有意或無意流露的攻擊、指責或冷淡，就足以摧毀關係。

親密關係如此困難，因為它需要雙方真正「投入」，連「自我感」都要拿去投入，隨時與「他者」碰撞，準備隨時被改變。

洛纓：是因為我們對婚姻或人生先有了一個幸福的想像，當它不是我期待的那個樣子，我會抗拒接受，我也會更難投入去改變自己的想像嗎？

惠文：想法或價值觀被伴侶改變，的確是滿可怕的事情啊！大部分的人，都會先選擇抗拒，以便保護熟悉的自我。只是，自保的程度太極端，就會造成關係的困難。

如果一個人需要絕對保有自己「本來的狀態」，把互動關係中難以避免的碰撞和摩擦都視為干擾，便很難覺得幸福。所謂自己「本來的狀態」，可能是天生的個性，也可能是經過創傷之後，為了生存採用的策略，並深信唯有這種策略（例如凱莉的「什麼都要一百分」），才能抵禦災難。

每個人或多或少都有這種部分，要承受關係中的衝撞和磨合，需要開放的心態，開放的心態需要勇氣，勇氣需要建立在穩定的自信上。具象地說，自我結構的外牆可以打開並讓人進來，是因為我們還有內室和內門，不會因為配合你或讓你有不同的作法，就很擔心我會被你擾亂或毀滅。

穩定的自信和自我認同就是內門，自我與人之間的界線。沒有這層內門，只有防衛的外牆，那麼只能和「全然相同」的人往來，不然就全不往來。

洛纓：

這讓我想起當年決定要不要結束婚姻的時刻，有一個畫面在我眼前升起，休旅車裡坐著一家四口，爸爸跟著音樂哼歌，媽媽在笑，後面兩個小孩一男一女很開心要出去玩。這個畫面當時令我毛骨悚然，這不是我要的人生呀！想到要這樣過一輩子，對我來說就像走入墳墓一樣。

相對於自我實現或者創作，婚姻關係會讓我窒息。現在的我比較有信心能把親密關係處理得好一點，但如果再來一次，我想我還是會選擇結束婚姻。

惠文：

我們侃侃而談的，聽起來是不是滿有道理？問題是，很難啦！與人建立親密關係的能力並不容易具備，也不是每個人都想要具備。世間幾人能有足夠穩定的自我認同？劇中人的悲苦，不知道大家如何看待，至少我是被觸動而同感同情的。

只是，我從事伴侶諮商超過二十年，目前看到的，仍然沒有例外，就是一定需要前述的心理素質，具有自我穩定、內外界線、緩衝磨合地帶，才有機會在親密關係這種本質上「低控制感」的東西裡創造幸福。如果要修練，就是修這些吧！

12

說出「願意」以後，「我」還是要看緊

如何在這種超個人的心靈需求中，看清自己內心的歷程，而不走火入魔？

洛纓：

劇中人躲在本生老師那「閉鎖式」的團體，靠著「替代滿足」止痛，不會解決問題。相對的，比較理想的、個人成長的療癒，應該是如何？

惠文：

我認為前面談的親密關係與幸福，就是成長療癒的方向。繼續以凱莉為例，她至少需要處理以下的心理工作，才可能享有幸福：

第一，認識個人需要高度控制的原因。例如源於不安全感、原生家庭、價值觀念等等。

第二，哀悼失去和不可得的愛與關係。例如父母的肯定與支持。

第三，如實面對人事物的全貌。例如「不聽我話的兒子，仍是乖巧善良的」、「選擇離我而去的老公，不是怪獸，只是與我不合」。

最後，接受自己的能與不能，重新確立「我需要什麼」、「我要追求什麼」。在他人評價與自我目標之間，不斷調整自己。

我說這些工作是「至少」，因為還有更多深層的問題需要整合，例如，潛意識的陰影、生命終極的有限性、自我實現等等。成長的開端，活出自己想要的人生，是從這些階段開始的。如果略過或缺乏這些心理工程，療癒不可能發生。偏偏這些過程漫長又辛苦，所以那些灌入替代式滿足的地方，還是會吸引人。歷史告訴我們，有人在的地方，就會有這種團體，暫時取暖或許無妨，只是延後自我發展的進程，萬一走火入魔，脫不了身，那就真的沒有未來了。

洛纓：

為什麼會走火入魔或者反客為主？在本生的論述裡，檔案或許記載了我在俗世中的苦難，但我在幸福慈光動力會所經驗的一切，同時也被記載在我的「希格瑪檔案」中。如果我不在希格瑪教裡，我不就沒有機會讀到自己的檔案了？

但讀完又如何？讀完就得到解脫了嗎？並沒有。讀完檔案的你，如果沒有繼續「修行」，對檔案提供的訊息視而不見，那你就無法離苦得樂。「修行」是什麼？就是無條件地去愛。

無條件地去愛，本質是不是就是逃避？神佛沒有俗世的問題，沒有什麼好逃避。但人不同，人間這一局，大多數人都輸不起。

惠文：

其實我覺得「無條件的愛」是一種缺乏操作指示的文字遊戲。無條件地去愛，有沒有對象限制？如果整體無條件，對象也無條件，那誰都可以愛嗎？老婆和小三都可以愛？對自己施暴的人也愛？

如果對象是有條件的，那就不是澈底無條件的愛了，例如，當愛的對象變得不符合條件，例如，老公已經「不像個老公」，要怎麼無條件地愛下去？

恐怕世人都會說，繼續愛下去是你太堅持，堅持不能在一場婚姻中認輸。這不也是一種「條件」嗎？

如果一個人想讀的檔案是「我為什麼會經歷這段婚姻」，或「我為什麼會遇到這種事」，即我做了什麼，被做了什麼，召喚了什麼，又逃避了什麼……如果檔案只有寫「我」，不可能解答人間複雜的難題。即使是一般能力的算命師，也不會只講個人，多少得交代一下人與人之間的因果，才能解惑吧！例如，你前世殺人全家，這一世要做牛做馬償還之類的。

我的意思是，一個高階的意義檔案，不可能只有一個人的敘事，也要解釋別人的立場、他人的存在性。所以，正如洛纓指出的，看了檔案又如何？還是要學習因應自己被配置的任務和局勢，這的確是修行。就算知道了做牛做馬的原委，也需要修行，才能承受疲累和卑微，甚至期望修到更高層次，可以轉化宿命。

這齣劇談的不只是一群人遭遇挫折，因此被一個神棍欺騙。《我願意》

所思考的，已經超越這個層次。為什麼會有一個人說他可以讀你的祕密檔案？是什麼讓你相信他，相信他知道你生命的由來和去向？

從民智未開到科技時代，人類心靈一直都需要某種高層次、超個人的概念系統，可能是命運、宗教，或自然定律。某些人的佛祖、某些人的主、某些人的特定教義；有人拜月、有人拜日、有人養蠱、有人祕傳黑魔法，還有人有自己的一些小規矩，例如過馬路的時候，左腳先出或右腳先出，那一天的運氣會不一樣……這些說不完的其他，真的是人類心靈的需求。

我們可以用習慣的科學方法去驗證那教主是否真的能讀靈性檔案，或是到底有沒有檔案，但這不足以解釋為什麼有那麼多人活在這些信仰和團體裡。我們也需要人類學和心理學的角度，觀察人類在這種行為和思考過程中，發生著什麼，避免了什麼，追求著什麼。你我可能不會相信一個神棍可以看到自己的前世，但在危急困境時，也會反覆念著觀世音菩薩聖號，祈禱上主垂憐，或決定做更多善事。

在劇中，每個人的「希格瑪檔案」不同；現實裡，每個人寄託的形式也不一樣。透過幸福慈光動力會，我們思考——如何在這種超個人的心靈需求中，看清自己內心的歷程，而不走火入魔？這本來只是一種對未知的好奇，但什麼時候它反客為主，主宰我們的生命，讓人失去了個人的主體性呢？

13 是什麼遮蔽了成長的出口？

不看清問題，再怎麼走不同的路，都帶著一樣的命運，殊途同歸。

洛纓：

在這齣戲中，沒有一個主要角色得到成長或者重生，每個角色都像是落入迷霧森林或漆黑深海，甚至是熊熊烈焰。這和我在受戲劇教育的初期讀希臘悲劇很有關係，希臘悲劇裡人類經常受到神的愚弄擺布，或者三番兩次的神諭警告都聽不進去，最後滿台的人死光光。在很年輕的時候，我覺得這太偉大了，人就是這麼的渺小，怎麼樣都打不過神，再加上自私、愚昧、貪婪、嫉妒等等私心作用，這種下場簡直是剛好而已。

隨著年紀的增長，對生命和死亡的看法約莫有了七五三次變化，我漸漸感覺到悲劇的力量，明白驚恐的眼淚為什麼對靈魂有洗滌的作用，在戲劇裡可以有千百次的死亡，每次都是一記警鐘。但在真實的人生裡，我們只能死一次，從當下到死之前，我們有機會讓自己得到幸福，如果我們能在悲劇裡看見自我是如此脆弱，也許就願意謙卑地過活。

其實劇中最有機會成長的是大明星費慕淇，但連他也辜負了這個好機會。為什麼？

惠文：

我覺得希臘悲劇的核心概念是「命運」，人們從預言者處得知命運之後，極力想逃脫或反轉，但這些想逃脫和反轉的動作，加上一些「身為我，不能不做的事」，恰恰讓命運的預言實現。

例如經典的《伊底帕斯王》（*Oedipus Rex*），伊底帕斯得悉命運的預言之後，為了避免弒父娶母，遂離開他（以為的）父母，結果在路上與人起衝突，不知情下，他殺的人就是他的生父。命運加人性，即使有機會重來一次，你還是會走一樣的路。這是悲劇深深打動人心之處。

大明星費慕淇擁有最好的資源，這是否讓他「最有機會」成長呢？他要成長的是什麼？或者說，他需要什麼？

劇本用的象徵很有意思，本生最後給了慕淇一把鑰匙，並不是真正可以開他手銬的鑰匙，我很喜歡這個點。本生的確給了慕淇一些意義上的鑰匙，讓他打開一些過去的心鎖。例如，過去的慕淇展現著粉絲喜歡的樣子，他唱的不是自己想唱、想做的歌曲，這是他的一個鎖，看來本生幫他打開了，他開始創作自己喜歡的作品。

這一層表面的鎖容易開，但慕淇並沒有因此得救，因為他還被一重大鎖從命運核心鎖得牢牢的，本生沒有給他鑰匙。

這重鎖，正是慕淇的「自戀」。

費慕淇打從心裡覺得他應該被人喜愛，以前，他順著做別人喜愛的偶像，後來本生鼓勵他叛逆、「做真正的自己」。

「做自己」是過去十年來最風行的大眾心理學話題，可惜很多人誤用了這個概念。慕淇以為做自己就是隨心所欲，但他並沒有超脫「我必須被人喜愛」的枷鎖，結果兩者組合起來，就變成「不管我做什麼，別人都應該喜愛我」。

例如，他做一些根本不會賣的歌，卻認為大家應該繼續捧場。作為一個歌手這麼久，他對市場難道沒有正確的判斷？對於市場與粉絲，他抱持一種嬰兒階段的自戀心態：反正不管我費慕淇生什麼、大什麼出來，你們都應該珍視如寶（稱此為「嬰兒式」的期待，借用的是精神分析的話語，嬰兒早期處於依賴的位置，需要仰賴別人吃奶。別人滿足他，他就開心；別人不給，他就痛苦。嬰兒好不容易發現自己的排泄物是寶物，因為那是他自己製造的東西）。

但事實不會如此，大便就是大便。人都可以盡情大便，但預設別人要喜歡我們的大便，就會很慘，因為這需求極難滿足。比起之前，慕淇為了「必須被人喜愛」而努力做別人想要的東西，「唱自己想唱」的做法和期待是更糟糕的組合。

如果他認清自己的品味和能力，「我喜歡的，沒有那麼多人喜歡」、「做我想做的，就要放棄光環」，那麼他當然有機會真正做自己，自由自在。如果他並沒有認清自己，也無意放棄光環，那麼，當他照自己的意思創作，從現實得到的肯定變少，內心反而更急迫的需要「重要感」，此時本生提供他挑大梁的機會，正好讓他在這裡變成要角。為什麼費慕淇相信本生的荒謬謊言，相信只有他才能為本生解圍？這不是偶然或無辜，而是他內心的需求。

就像剛才提到的悲劇經典，伊底帕斯不想走命運鋪設的路弒父娶母，而他做的只是離開本來的地方，沒有深究問題：「到底是什麼情況，竟然會使我傷害這對養我愛我的父母？」不看清問題，再怎麼走不同的路，都帶著一樣的命運，殊途同歸。

發人深省的，本生是不是了解慕淇真正的問題點？我認為很可能是，但他如果幫慕淇解開這一點，他就控制不了慕淇了。本生得讓慕淇依賴著他，讓慕淇相信自己值得那麼大的投資。戲劇中的象徵是：本生不解開真正束縛慕淇的手銬，這樣才能繼續奴役慕淇。

洛纓：

自愛是有意識的，好像包含了一種節制，甚至有投社會禮節倫常之所好的感覺。但自戀呢？是不是很難察覺？以前我們會說某個演員的表演像帶著鏡子上台，時時在看自己「好不好看」、「帥不帥」、「厲不厲害」，那種表演是封閉的，是疏離的，好像台上只有他自己和自己對戲，我們稱之為：「自己演自己的」。在真實人生裡，我們是不是很難意識到自己是自戀的？

惠文：

可以這麼說。自戀之所以無法被意識到，因為自戀的產生就是用來遮蔽意識的。如果要精確地說精神病理學，「自戀人格」指的並不是日常口語的「只愛自己」。自戀的人格結構是認為自己必須完美。因此，對於會威脅自我完美感的訊息，總加以忽視、否認或扭曲。

自戀者的內心深處會覺得——如果不完美，他就等同不存在。因此，在排除顯示他不完美的跡象（人或事或物）上，可以非常澈底而令人難以置信。對他們而言，這就像性命保衛戰一樣。

拿我們自身舉例好了，《我願意》的導演如果是自戀人格，他會覺得所有評斷此劇不好的人都是看不懂，都是膚淺，不然就是嫉妒他，以便維持他的自戀狀態，「所有說我不完美的東西都是假的」。

了解自戀的成因，就能想像基本上它不會被意識到，自戀本身就是為了不被意識到而發生的事情。它的定義就是「我不要意識我的不好，因為我不好就等於毀滅」。其實自戀者是很痛苦的，壓力很大。

劇中的凱莉也有自戀的部分，她覺得自己不應該被她丈夫拋棄、她應該是她兒子最信服的人才對。蓮心也有，所以她會相信本生給予的愛是真實且合理的。

其實每個人會買單本生的論述，無論在別人眼中是一種幻象或是一種解讀，都是因為符合他們內心的自戀需求——「其實我很好，以前那個世界沒人看懂，這裡（本生）說的才是真的」。嘉美也隱約有自戀的成分。嘉美覺得她值得更好的，三、兩句就被本生的話收買了。她值得更好的生活，不應該只過那種日子，每天守著一個喑啞的老公，每個月去受害者家屬那邊被言語凌虐……這些東西不配她，她應該擁有更好的人生。

這也是本書開頭所說的「不願意」，無法面對自己的渺小和無力，無法承擔行為的後果，或無法承擔人生的某些必然。「不願意」並不是可以輕易改變的，也不是一句「轉念」就可以達到，而是要培養出承擔的力量，超越原本心理人格的極限。

我一直想強調，在被命運擊倒的時刻，我們能否多一些理解。對他人，是理解；對自己，是覺察。如果有能力應對人生的苦痛，誰不願意踏實地活？誰會需要把決定權交給一個「他人」？絕望和挫折，可以讓人不顧一切，只想飛走，去哪裡都好。這不是愚笨、迷信或盲從可以解釋的。

14

陪你照鏡子，認識你自己

沒有人能一直帶著不會飛的人在天上，
因此，所有陪伴者和引導者，都需要自我覺察和節制。

洛纓：

我記得不知道有多少人告訴我，看完第一、二集都紛紛想入會，本生這麼迷人，這個團體這麼好，沒有道理不交個三千元入會費體驗看看。

不過，像這樣的團體，如果發展得太大，老師也會很累吧？畢竟會員們在他身上想要的太多了，一個教主的存在，簡直就是為了讓教徒的想像力盡情馳騁。

惠文：

我很同意洛纓說的，而且本生對每個人、與每個人的關係其實是不一樣的。姑且把本生提供的，稱為「心理陪伴」，心理陪伴有很多種，在我們（心理治療師）的訓練系統中，非常重視提供陪伴的人需要具備的素養，例如，自己如何被擾動、如何維持個案自主的空間、必須支持但不過度介入或主導。這非常困難，因為個案（或劇中的信徒）會對這位陪伴者或劇中的教主投射各式各樣的幻想。

當一個有困擾或有需求的人來到陪伴者面前，身為陪伴者，本能地會想給予一些支持性的話語，但要能敏銳地知道哪些話會讓人覺得好些，哪些話會讓人更絕望，需要高度同理的能力，以及對於人性的洞察。理想上，陪伴者提供的，是可以讓人在絕望與希望中支撐著不掉落，但也不隨便飛向一個幻象，乃至脫離現實。

因此，心理陪伴者個人的自我狀態，非常要緊。

心理治療專業中，將那種想安慰個案、讓他可以即刻從痛苦深淵中升起的話語，視為一種「誘惑」。當你對失意的人說他其實很好、都是別人的錯之類的話時，不可避免的，他會寄託在你身上，接著發生理想化的投射。你被認定為最懂他的人，因為最懂他，所以你很棒、你很好，然後這個理想化的你，應該繼續懂他，提供他需要的一切……

投射這些理想化之後，他開始依賴或成癮。就像一種心靈上的物質，安非他命、嗎啡一般，令人暫時忘卻疼痛，感到輕飄飄。理想化關係也會限制陪伴者說出任何個案不想聽的話，例如無法勸他正視自己的問題，或無法表露與他不同的觀點。如果再加上陪伴者個人的自戀需求（認為「我是最棒的拯救者」），這個陪伴者將在理想化中被吞噬同化，失去作為一個「他者」而協助個案洞察人我的功能。

因此，心理陪伴必須有的倫理知覺，首要是自制（abstinence），覺察陪伴關係中的理想化，節制想扮演「偉大拯救者」的心態。否則就是一種「失禁」（incontinence），最後自己也可能走火入魔。

洛纓：

這種自制力真的好難，誰不想成為吹動別人羽翼的那陣風呢？當這樣的依附成形，好像下一個階段，就要走進一對一專屬的關係了。

惠文：

本生對不同的人有不同的對應方式。劇中本生對每個人講的話，我都不禁點頭如搗蒜，覺得真的是看得好準（所以是洛纓看得好準）！

仔細看，他對幾個人（也就是劇中的主角們）特別不一樣。在與這些人的關係中，本生自己深層的問題也被擾動，他沒有辦法節制，他想要在這些人的生命中占有一席之地，這是一種欲望。這些人對本生產生移情，把他想像為知己、伴侶、情人或導師，而他也對這些人產生強烈的反移情。

比方說，他看到費慕淇的特別，他的群眾魅力，他的某些素質與本生是有共鳴的。我們可以看到在戲劇開場，兩人的畫面穿插，布道會與演唱會，不同的場域，同樣的迷倒眾人。

如果本生在資源較好的環境中成長，他可以變成另一個偶像。我想他在慕淇身上看到另外一個自己，人生勝利組的自己的可能性。本生直覺知道，他倆有相通之處。

洛纓：

本生老師第一次單獨約見費慕淇，就在他自己的私人居所。第二次更是約到他自己的臥室，但發生了什麼嗎？除了費慕淇一夜酣眠，什麼都沒有。其實我在寫的時候，的確有特別強化本生利用「調情」（flirting）的手段進行「洗腦」（brainwash）的工作。在一種訓練男性能成功與女性發生性關係的教戰守則（又被稱為Pick-up Aritst，簡稱PUA）中，裡面的步驟也會使用「欲擒故縱」。用撩撥的言語，令對方想入非非，感覺我們是如此的親密。又刻意在雙方距離拉近、看似某種親密關係就要出現時轉身離開。在一拉一放之間，形成控制的關係。

惠文：

的確！而慕淇在本生身邊，也看到自己的另外一種可能。

他們之間發生一種命運的交會，讓他們的關係變得很深。我想故事讓他們兩人最後一起在船上，是很有意義的，其實本生最在乎的就是與費慕淇的結局。

而面對蓮心，在令人憤怒的性侵舉動下，本生有沒有戀愛感呢？對一個如此純真、早熟的女孩，他會有什麼欲望？我們不知道本生以前的戀愛經驗，也許不見得有（我不知道劇本的預設是什麼），但他也可能把這當作戀愛，雖然是某種變態的心理。

對於這些人，本生產生了一種「我要重新定義你們」、「我要改造你們的命運」的狂妄。僭越了人的身分，彷彿要對抗神給予的命運，自己成為至高無上的神。他從一個擅長洞見他人困難的「覺知者」，變成一個想占有對方、滿足萬能感的人，這當然和他的創傷，他被拋棄、被虐待的經驗息息相關。

洛纓：

本生有一場和明曜的對手戲，以一般影集來說，那場戲很長。但我誓死不肯放棄，原因是在我心中，本生一直認為自己是看透所有人，他有那麼多高明的手段，以及「見人說人話，見鬼說鬼話」的本事，但還是有一個點他並不自覺，卻被明曜給指出來了，那就是本生對紀新的嫉妒。紀新享有母愛，本生不曾有過一絲一毫。

惠文：

我也覺得最後明曜對本生講的話，讓我深受震撼。本生會這樣號召信眾對待紀新，其實是恨紀新的，他忌妒紀新有媽媽的愛，而他自己沒有被父母愛過。與劇中幾位主角的關係，強烈反映出本生內在的缺失和需求。

我們剛才談到心理陪伴者自己如何被擾動，我想到，學校的教師也需要有這種覺察。

好比，大學生向老師講感情困擾、生活困境，有經驗的老師都會知道回應什麼會讓學生在這階段把老師當神一樣崇拜，但被學生當神崇拜，帶著他飛之後，會不會摔死他呢？卡通影片裡面是不是常有那種不會飛的主角被帶到天上的情況，主角享受高飛的快感，但被放開之後，一時愣住，然後墜落回地面？沒有人能一直帶著不會飛的人在天上，因此，所有陪伴者和引導者，都需要自我覺察和節制。

當學生、教徒等需要協助的人勾起了陪伴者或引導者深層的情結，喚起既視感——他經歷的青春，我也經歷過；曾讓我傷痛的事件，他正在經歷之類，這些情境讓人產生想要介入的衝動，他的人生和我的人生，其間的界線就被衝破而混淆了。

粉絲與偶像的關係其實也有這些部分。例如慕淇與粉絲之間，也有依賴、寄託、理想化的發生，無法自外於這種投射，最後很可能會被吞噬，失去自我，或是發生踰矩的互動。

雖然這部戲把本生設定在一個特殊的信仰（或信念）團體裡，可能有些人會以為這與一般人有點距離，但看了就會發現，這種「人」在我們日常生活中簡直呼之欲出，我們可能想起一個老師、一個長輩、自己或家人信賴的「師父」，太多了。

結語

我願意之後

洛纓：

最後，我想分享一個經驗。在劇本完成將近開拍時，我為了要驗證劇本裡「希格瑪檔案」這種靈性存在的形式，在現實世界裡是否有可以對應的事物？透過關係，聯絡上一位會做「阿卡西紀錄」解讀的人，姑且他為「靈性的修行人」。

「阿卡西紀錄」是一種型態未知的訊息集合體，是一種非物理層次的存在，無法被感官知覺或體驗。「阿卡西」由梵文「akasha」音譯過來，意思是「天空覆蓋之下」，而把這些訊息記錄在「以太」上，對，就是以太幣的那個以太，那就是「阿卡西紀錄」。裡面包含從你有靈魂以來的一切資料，記載著既定和將會發生的能量，各種可能對你產生的作用。不屬於任何宗教，卻包含所有宗教和宇宙裡發生的靈性意義。

解讀「阿卡西紀錄」需要步驟和訓練，在台灣的身心靈成長領域裡，比較少見到能解讀自己或別人的人。

我聯絡上的那位「靈性的修行人」希望我帶一些想問的問題來，這讓我前一夜輾轉難眠，我有什麼問題想要知道？我找不到問題。

直到見面後，他和我聊一下我的近況、最近有些什麼特別的事情，我告訴他，我有一位很好的朋友剛過世，我還來不及悲傷。然後他徵得我的同意，開始開啟我的「阿卡西紀錄」並閱讀。

接下來，他告訴我的都不是什麼玄乎奇幻的事，更像是再一次檢視我個性上的脆弱，我能夠怎麼調整。這不是算命，當下我感動得哭了的原因，比較像是「對，我忽略了，但我現在知道了」，是愉悅地落淚，我被提醒應該可以怎麼樣讓自己過得更好。

有兩個訊息，是我覺得做「阿卡西紀錄」中最神祕的部分，某個瞬間，他突然對我說：「你剛剛過世的朋友有話要我傳達你。」我大驚，接著他轉告我，那位剛過世的好友說：「你很聰明、很有能力，你要相信這件事情。」

由於當時接近影集開拍，籌資與籌備都是很艱難的工作，我知道我要開始做一件很困難的事，對自己的信心何其重要，這些正是我當時最需要的支持。到談話快結束前，他突然又說，你的朋友又有訊息要我告訴你，他說「希望你能用像他那麼任性的方式活下去」。

惠文：我很好奇這個經驗，那你的朋友有很任性地活著嗎？我只是突然想到，我們如果用這句話形容任何一個人，會不會都合用？

洛纓：我的那位朋友，如果別人的任性指數差不多八十，他大概有兩百。

惠文：我覺得這就是奇妙的地方，我相信任何稍有人生經驗的人，大概在幾秒鐘的互動當中，都可以準確說出讓你個性上最有認同感和自覺的部分，這並不難，很多人都可以做到。但你只講到一個好朋友過世，解讀者要能夠掌握到那位朋友的任性是他的標誌或是很獨特地方，我覺得這種就有一些所謂「奇蹟」（或說神蹟）的東西。因為任何一個超自然的東西要成立，都還是要有這種真正神蹟的元素。

洛纓：對，因為那第一個訊息裡的用詞，是我那位朋友平常就這樣對我說的話，連用詞都一模一樣。讓我覺得，好像你剛剛講的「奇蹟」發生了，或者透過「阿卡西紀錄」，有個傳遞的能量在這個接點上接起來。

朋友的離世很匆忙，他原本也是《我願意》的一個重要配角，在他離世的前一晚，我們還在臉書訊息上討論關於即將開始的拍攝工作。也許不透過「阿卡西紀錄」，朋友也會透過別的方式傳遞給我他想給我的訊息。可能當我做

「阿卡西紀錄」時，他正好能透過這個通道，告訴我他來不及對我說的話。

惠文：

有些看到的東西真的可以讓你得到力量，但有些東西看到之後卻會讓你停止成長。我想解釋的概念是：如果那個解釋是一個防禦性的解釋，讓你可以躲在這裡面不去負責任，然後它很甜，或者說它讓你覺得自己沒有任何可被歸咎、也沒有什麼是你應該去擔起的，它就是一朵輕飄飄的雲、很舒服的泡泡，這樣子的東西會成為這個人的一個盾牌，或者就變成一個繭。躲在這個繭裡面，就與真實世界更加脫節。

但是有一些檔案的解讀會拆開你的桎梏、解開你的枷鎖，然後你的生命會重啟動力，真的產生那種使命之類。可是這牽涉到那個解讀者，第一，他到底有沒有那個能力；第二，如果真的讓人讀到那種可以開啟自我、可以賦予權力的檔案，被解讀的人就不再會受到解讀者的控制了。

我們在做心理治療的時候，以前的老師講過一句話，他說：「如果（個案）離開你之後，都沒有向別人提到他的覺知是來自你，就是做得非常成功的個案。」就是你讓個案覺得——是他自己達到這樣子的覺知的。

其實不久前我也有這樣的經驗。我與一個個案一起工作了非常久，我以為我十年來一直都在幫助他看清楚一件事：那個他認為非常愛他、非常理想化的母親，其實對他有著極大的掌控。

但這名個案非常理想化他的母親，與他的母親相依為命，這正是他很多壓力和痛苦的來源。因為沒有辦法挑戰母親，他就把痛苦歸咎於其他東西。我以為這十年來我用了非常明確的方式，不管是明確，或者說應該很能被接受的引導，總之我覺得我非常清楚，自己一直在做這件事。

後來，這名個案覺得自己生活過得還不錯，就結束了治療。大概結束了一、兩年後，在一個偶然的機會，因為別的事情有交集，他傳訊息給我說：「鄧醫師，我好想告訴你，我最近有一個頓悟，這個頓悟讓我的人生完全都亮了起來，我覺得簡直就是新生命在等著我！」然後，他就說起他想告訴我的這個頓悟是什麼。他說：「我突然發現，我過度理想化我的媽媽，我一直以為媽媽對我無私地付出，其實媽媽是深深地掌控著我，我就在這個控制之下，被控制到連質疑她的勇氣都沒有。雖然這個頓悟來得有點晚，但是我現在完全好了。」

他講的這些話，好像他從來沒有與我討論過一樣；他的頓悟，也不是來自於我的。就在我覺得有點失落感時，就想到老師很久以前對我們講過的那番話。其實我做了非常成功的個案，完全天衣無縫，因為他覺得那完全是他自己生出來的覺知，完全不是我告訴他的。

洛纓：

這讓我想起一個類似的經驗。每週要去一次諮商那段期間，我習慣在去的路上走一條長長的路，整理一下今天要對我的心理師說些什麼。

那天的天氣很好，午後的太陽斜斜地照在紅磚路上，我的左腳和右腳踩在不同的光影裡。然後，「每一個人其實都想快樂」這十個字突然出現在我的腦海裡，如果是動畫，大概就是大腦像電燈泡一樣用力地閃了一下。

去到診間，我很興奮地對我的心理師說：「我發現一件事，人其實都想要快樂。」說完我自己笑了出來，我的心理師也笑了。他說：「我等你這句話等了兩年。」

這是什麼可以拿諾貝爾獎的大發現嗎？不是，客觀來說，它就是一句雞湯。但從它在我的腦子裡閃亮的那一刻起，我真正感知到這句話被我扎扎實實地掌握著。我擁有它，而且不會再失去了。

療癒陷阱

被世界遺棄時，你想如何被接住？

作者　　　吳洛纓、鄧惠文
統整協力　黃鵬仁
策劃　　　高珈琳
文字整理　彭湘

資深編輯　陳嬿守
美術設計　朱疋
行銷企劃　鍾曼靈
出版一部總編輯暨總監　王明雪

發行人　　王榮文
出版發行　遠流出版事業股份有限公司
　　　　　104005 台北市中山北路一段 11 號 13 樓
電話／(02)2571-0297　傳真／(02)2571-0197　郵撥／0189456-1
著作權顧問　蕭雄淋律師
2022 年 9 月 1 日　初版一刷

定價　　　新台幣 380 元（缺頁或破損的書，請寄回更換）

ISBN　　　978-957-32-9703-1

遠流博識網 http://www.ylib.com　E-mail: ylib@ylib.com
遠流粉絲團 https://www.facebook.com/ylibfans

國家圖書館出版品預行編目 (CIP) 資料

療癒陷阱：被世界遺棄時，你想如何被接住？/ 吳洛纓，鄧惠文著．-- 初版．-- 臺北市：遠流出版事業股份有限公司，2022.09
面；　公分
ISBN 978-957-32-9703-1(平裝)

1.CST: 應用心理學

177　　111012237